北京梦华录

穆儒丐

穆儒丐◎著
陈均◎编

北京出版集团公司
北京出版社

图书在版编目（CIP）数据

北京梦华录 / 穆儒丐著 ; 陈均编. — 北京 : 北京出版社, 2016.2

（大家小书）

ISBN 978-7-200-11588-8

Ⅰ. ①北… Ⅱ. ①穆… ②陈… Ⅲ. ①风俗习惯—北京市 Ⅳ. ①K892.41

中国版本图书馆 CIP 数据核字(2015)第 214102 号

总 策 划 安 东 杨良志
责任编辑 高立志
文字编辑 白 雪 张 娟
责任印制 宋 超
封面设计 罗 瑞

北 京 梦 华 录

BEIJING MENGHUALU

穆儒丐 著 陈均 编

*

北京出版集团公司
北 京 出 版 社 出版

（北京北三环中路 6 号）

邮政编码：100120

网 址：www.bph.com.cn

北京出版集团公司总发行

新华书店经销

北京华联印刷有限公司印刷

*

880 毫米×1230 毫米 32 开本 7.125 印张 120 千字

2016 年 2 月第 1 版 2016 年 2 月第 1 次印刷

ISBN 978-7-200-11588-8

定价：29.80 元

质量监督电话：010-58572393

穆儒丐和《北京梦华录》

一

对于现代文学的读者来说，穆儒丐可能还是一个陌生的名字。就我所见，除1986年吉林文史出版社在“晚清民国小说研究丛书”里收入一本署名“儒丐”的小说《福昭创业记》外，自1945年以来，中国大陆并未出版穆儒丐的其他作品。而且，这本《福昭创业记》是删节版，对作者的介绍也仅是简单道及“长期担任《盛京时报》文艺副刊的主编，撰写了不少文艺作品，是三十年代东北文坛上一位知名的小说家”云云。

与这种情形相反，近些年来，在满族文学和戏曲研究这两个领域，穆儒丐要显得“大名鼎鼎”一些。前者，张菊玲先生以穆儒丐为主要研究对象之一，探讨老北京的文化以及满族在晚清民国时期的命运，已是一个视穆儒丐为满族文学代表作家的重要路径。在这一视野中，穆儒丐其人其文，亦因此具有更深远的文学与文献意义。譬如张先生常以之与现代文学相比，认为穆儒丐的小说《徐生自传》可比拟为《留东外史》，而《如梦令》可与老舍的《正红旗下》相论，等等。关纪新、刘大先等先生也以穆儒丐《北京》为“风雨如晦书旗族”之重要文本。

后者，么书仪先生自研究领域从元代戏曲转至晚清民国戏曲之后，以穆儒丐的小说《梅兰芳》为重要例证，探讨了“堂子”“歌郎”等现今所讳言之晚清民国戏曲之“体制”与戏曲变迁之关联，胜义纷呈，亦刷新了对晚清民国戏曲状况的一般认知。穆儒丐《梅兰芳》一书也为更多人所知晓和瞩目。

穆儒丐《梅兰芳》一书可值一说。此书写梅兰芳之早年及成名史，虽是写伶人，但其趣味并不与报刊流行的娱乐花絮相类，穆儒丐一方面是当作“信史”（穆儒丐曾写《伶史》，以《史记》体写伶人，这本小说其实是《伶史》中“梅巧玲世家第一”之扩写），另一方面是“社会小说”，即以梅兰芳之成名史来写社会问题。但因涉及实名实事，小说《梅兰芳》于民国八年出版后，被冯耿光收购焚毁，至今存世者，或许只能见到一本了。而此书赖张菊玲先生自日本东京都立图书馆复印携回，又因么书仪先生的研究公诸于世。

二

穆儒丐1884年出生于北京香山健锐营的一个旗人家庭，原名穆笃哩，号六田，别署辰公，曾赴日本早稻田大学留学，回国后先后在北京、沈阳等地谋生，长期寄身于报业（北京《国华报》、沈阳《盛京时报》），笔撰不止。1945年回北京，易名为宁裕之。1953年任北京文史研究馆馆员。1961年去世。穆儒丐之著述多淹没于旧刊之中，尚难窥其全貌。他的写作领域很广泛，至少包括小说、随笔、剧评、岔曲等，其中以小说最为可观。曾有论者认定他的《香粉夜叉》应算是现代文学的第一部长篇小说。而我则以为他早期的小说《徐生自传》《梅兰芳》《北京》可说是晚清民初的北京三部曲，曲折且细致地描绘了时代鼎革中的北京风貌。而这一书写，一直延续到四十年代出版的《如梦令》，主题皆是北京这一城市的变迁与生活于其间的人的命运。

也正因为如此，在穆儒丐同样数量繁多的随笔里，我首先注意到的便是《北京梦华录》。一方面，不仅仅是因为作者取意于《东京梦华录》《梦粱录》等中国古代“清明上河图”式的风俗笔记，——穆儒丐在这些短章中回忆了老北京（对他而言，老北京即是晚清民初时期之北京）的社会生活的主要方面，如点心、粥、茶馆、酒馆、工艺品、婚嫁风俗等，这些描述有些能从现今研究老北京民俗的著作中读到，但亦有不少描述尚不见于相关史籍，而且，因这些叙述多是穆儒丐所亲身经历及其见闻，故读来历历可感，仿佛可由这些文字回到历史的现场。譬如，谈及“大戏”，我便能与彼时旧刊上的剧评相互印证；在谈及诸种杂耍时，我亦从王度庐的小说《卧虎藏龙》中读到了相似的描绘，不禁会心一笑。（因王度庐亦是旗人）

另一方面，在这些细琐的回忆与描述之间，却寄托着作者之情感与心志。依我阅读之浅见，较明显之处有二：其一是遗民之志。穆儒丐既身为满人，民国取代清代，虽有语曰“民国即敌国也”，但遗民之志并不是如此二元化。以穆儒丐而论，虽从北京迁至沈阳谋生，且寄望于满族精神之复兴，但亦关注民国之变化与社会问题。因此，穆儒丐亦如中国传统的读书人一般，既托身于其所在之群体之命运，也有关心“天下”之兴亡的理想与寄怀。在《北京梦华录》中，对往昔生活一一盘点，也是如张宗子在《陶庵梦忆》中所寄托的遗民心绪，繁华皆成旧梦之慨也。这些文字，虽是写老北京之风俗文化，因是写他自己的所闻所见，大体上还是以旗人社会的生活为主，故命名为“北京旗人梦华录”亦可。

其二是社会问题。穆儒丐从事文学之初，便是以小说写“社会问题”，这一倾向也成为他毕生创作的基本方向和动因。即使是在写记忆中的老北京，也常常忍不住穿插议论，时时予以今昔对比。人是物非之景，可感叹的往往不仅是时间的流逝，而且是社会的变迁，以及随之而生发的诸多问题。

以上所说是我理解的《北京梦华录》之优点和特点。不足之处或许在于，这些文字都是报刊连载。穆儒丐虽早有写“北京梦华录”之构想，但写作之初，并非“谋定而后动”，只是一篇篇写来，其间又夹杂有其他事务与文章。因此，其文尚不够系统与细密，多为即兴式。

《北京梦华录》连载于1934年之《盛京时报》（彼时伪满洲国年号由“大同”改为“康德”），其专栏原无《北京梦华录》之名，在《北京之粥类》《北京之点心》二文刊出之后，写至《北京之饮食店·之八》时，始冠以《北京梦华录》总名，此后再分门别类，一一述之。

因此，我依照连载的顺序，将《北京之粥类》《北京之点心》亦归入《北京梦华录》之序列，并按时间先后对诸文进行大致排列。较难解决的问题是文章的序号，原文序号排列较为混乱，譬如，前两篇各有自己的序号，冠以《北京梦华录》之名后，虽包括多篇文章，但又是按照连载次序统一编号。连载时，又出现序号不一致、重复、颠倒的地方。而且，序号和文章的分节、文章的连载期数，又不相合。这些问题给展示其全文风貌造成了一定的麻烦。经过多种尝试后，我找到一种也许较为可行的方案。即，整体上按照穆儒丐写作这些文章的顺序来排列，但每篇文章的序号，依照原文的序号，重新排列。序号的位置，按照穆儒丐原来的序号区分，尽量不作增删。这一处理的意图，一则是尽可能尊重文本之原貌，二则是以保持文本之“现场感”及文意畅通。

三

上文提及穆儒丐在满族文学中的重要意义，以及在戏曲领域中逐渐产生的影响，但仅仅从这两个领域或这两个视角来看待穆儒丐，还远远不够。因穆儒丐其人其文的意义虽藉此得以初步阐发，但亦因此有所限制。将穆儒丐置于现代文学及现代文化的空间中，才有可能发掘其更深之意义。

譬如，关于中国现代文学史的结构与标准。半个多世纪以来，现代文学领域的学者多持新文学的立场及姿态，其所描述的文学史之图景，基本上以新文学的价值观来建构，并因此确立了对于这一阶段的作家作品的定位及解读。这一方式，虽在八十年代以来的“重写文学史”中被冲击，但其实仅仅是很有限的松动，其价值观与文化观虽有变化（如从左翼至纯文学），但主体仍依其旧。在这一视野下，穆儒丐所获得的位置，——一本研究伪满文学的著作偶尔提及时，仅以其为通俗作家。但如以穆儒丐的写作而论，则并不能以通俗作家来论之，其经历、其写作、其思考、其寄托，其实与现代文学所认定之诸大家处于同一空间，而作品之意义，亦值得深入挖掘。又如，对东北现代文学的叙述。在现代文学叙述的等级制中，往往以新文学的传播作为线索，因之东北文学处于一种被传播的次级位置。但在民国初年，东北地区应是有一个特殊空间，因时代之变化，一批知识人（包括穆儒丐）赴东北谋生，他们的活动与创作，具有相当的水准。但在现今的文学史视野中，竟是完全失踪了。

关涉穆儒丐的话题，或许还可以有更多，譬如在语言学领域，穆儒丐的小说《北京》，就被日本学者太田辰夫当作北京话的样本来研究。因此，这本首度结集面世的穆儒丐随笔《北京梦华录》，应也可给诸多领域的研究者与读者，带来一些新的话题与感受。

陈均

甲午腊月十四日于燕北园

目录

正阳门（前门）的箭楼，瓮城已拆除了，这是 1915 至 1916 年间的风景，拍摄点应该是在箭楼的东北方向上。

北京之粥类

一

记者久拟仿照《东京梦华录》的体裁，作一本《北京梦华录》。因为时间和材料的关系，久久未成。现在我把我所记忆的事情，片段地写在下面，集凑起来，或者也可以成了一部《北京梦华录》。开篇先说“饮食”一门，与大家一同解馋。

早点挑子边，孩子们在喝豆汁

第一　豆汁粥

北京的酸豆汁粥，现在无论南北人，都当作一件不可缺少的谈料，足见豆汁的声名有多大了。其实北京日常售卖之粥类，不限于豆汁，不过豆汁一种，在外来的人认为奇特，或者也许不知尚有其他粥类，所以单单为豆汁宣传，致使其他粥类，咸有向隅之声，未必迹近偏袒了。如今把我所知道的粥类，分条写在下边，希望大家到北京尝尝去。

豆汁的原料，出于菉豆，乃是粉房中一种副业。作粉所剩余的渣滓，除了麻豆腐，要以豆汁销行最为普遍。合北京城外，以及四郊，无人不饮豆汁，亦无粉房不作豆汁。粉房之所在地，其附近居民，自到粉房购取。较远者，则有推车叫卖之人夫，以二把手车架两木桶，中实豆汁，一声吆唤“甜酸哩豆汁”，则一胡同中，几于无人不买。此为生豆汁，未经火煮者，生饮最为有益，能清火消毒，解煤气。焯饮大抵于饭后，吃饱了一肚子厚味，尤思此物，所以北京人无论上中下三阶级，莫不以豆汁为必需之品。

一个人到了旁处去作事，总要思想乡味的，如同张翰之思莼鲈，真是人情所难免。但是北京人一到外方，你要问他你想北京的什么吃的，他必说我想豆汁喝。其实北京的好饮食多了，何必单想豆汁呢？这也因为豆汁是北京特产，再说其中有一种不可言喻的神秘，除了久住北京沾染豆汁嗜好的能解其中奥妙，否则怎么说也不解其味。

家庭里自熬的豆汁，总不及市上卖的浓，因为家庭里用的是煤火，其力太强，豆一行滚开，所谓真正豆汁，全行沉淀，与水不能混合，味虽犹是，体质全非，市上售卖之熟豆汁则向无此弊。

卖豆汁的挑贩、摊贩

二

记者向来不讲身份，豆汁摊子，我也时常去坐一坐，喝完了一碗豆汁，我便和掌柜的聊天。我问他们："你们的豆汁是特别定的吧？我们家里怎熬不了这样？一来就澥，是什么道理？"他们说："我们的豆汁，也是一样。不过熬的时候，不要教它大开。"我听了这个秘诀，很高兴的，告诉家人，谁知依然没有好成绩。大概他没全告诉我。火的毛病，要占十分之八了。好在这宗东西，满街皆是，也就无须探求它们的秘诀了。

当初太平年间，在我小的时候，豆汁的售卖，是有节令的。由旧历正月初一起，生豆汁便上市了，直卖一春天，一入夏就不卖了。现在因为嗜者日广，把节令已然打破，四季咸宜。早年的政府，有封印之举，停了公务，官民一致去过年。正月初一日，吃完煮饽饽，头一声就听见"粳米呀白酒喂"，第二声便是"甜酸哩豆汁喂"，这两件饮料，总是首先下街的。粳米酒，是用粳米作的甜酒，因为小孩子不能饮酒，便有那投机小贩，揣摩心理：大人过年，都有酒喝，小孩当然也想喝，只是怕辣怕醉，所以在头年便用粳米饭，加入酒母，酿成酒性，加入适量的水和白糖，便成米酒，装在罐里，预备正月初一，沿街去哄少爷，利钱最大。

岁末开始，家家都要大吃大喝，未免油腻过盛，必得拿消火解毒之品来调剂，酸豆汁，在人人脑海正盼着，所以听见一声甜酸豆汁，便争先来买。

早年每逢新正，真有一番新春气象，尤以上元佳节最为热闹，城里城外，大小庙宇，官公衙署，买卖铺户，莫不张灯结彩，燃放花火。厂甸则自正月初一起，开始露天市场，人烟之盛，尤为他处所不及。豆汁摊子，也就应运而生。每个摊子，由一日至十五日，都要挣下半年的生活费。

莫里循镜头下的
老北京庙会

三

北京的庙会，有长期的，有一年只一次的，如护国寺、隆福寺、白塔寺、土地庙，这都是长期的，按照三四五六七八九十十一十二等日，递次开庙，所以一月之中，差不多天天有庙会。从前白塔寺本来不开，民国以来，喇嘛生计维艰，所以把白塔寺也开放了，为的是收入一点租钱。公家又把日期改从阳历，把隆福寺的庙期，延长两天，所以由一至十，每天都有庙会了。小本经营，因此可以薄维生计，但是以实而论，他们的买卖，实在不如从前了。

一年一次的庙会，有在正月的，有在四月的。正月的如白云观、大钟寺、黄寺打鬼等；四月的如西顶庙、万寿寺，远一点的如妙峰山碧霞元君庙，每届庙期，都是人山人海。除了妙峰山，每一庙会，都离不了豆汁。这豆汁摊子，要算庙会中一个必不可少的点缀。同是豆汁摊子，也有雅俗之分。雅洁一点的，案子特别光洁，加以种种饰件，咸菜盘以及粥碗，皆用细瓷。他们所做的咸菜，也特别好吃。每个豆汁摊子，都带酱菜，顾客必须单买，不能白吃。从前有个乡下人，听说城内卖豆汁的咸菜，都是白吃管够的，有一天，他因为一个机会，到了城内，便到豆汁摊上去喝豆汁，把顶好的酱菜，一连吃了十几碟。喝完了，人家和他要菜钱，他说：“不是白吃么?”引得同坐的人，都哄然笑了。这虽然是个笑话，乍到北京的人也不可不知道。

现在北京第一热闹地方，要算天桥了。固然东西两市场，以及东西各庙，已然够热闹的了，但是天桥是另有一种风气的，土地上的老玩艺儿，在天桥比较多些，尤以豆汁摊子和爆肚摊子，特别讲究。想喝好的豆汁、肥嫩的羊肚，自然要到天桥去了。

晚清满族妇女逛庙会

四

第二　甜浆粥

说起甜浆粥来，早年与豆汁粥，是并肩姊妹，无分上下的，同为北京一种乡土饮食。自要是长住北京的人，自然离不开这宗食品，不知为了什么原因，近年以来，甜浆粥的声势一落千丈，而豆汁的势力，依然如日中天，这就不解其故了。固然，北京的饮食品，偏于贵族式的太多，贵族式微之后，这些东西，自然要退化，为或匿迹消声，可是甜浆粥，并不是贵族专用品，也和豆汁一样，通上中下三级，无不食之，现在日见其少，真是出人意料以外了。

我这次到了北京，首先固然想喝豆汁，其次也要吃香油果子和甜浆粥。不想我住的地方，有炸果子，可是不带粥。我打发人去买，始终没买来，也只索罢了。

甜浆粥是小米作的，先把小米用水磨研成浆，锅开了，把米浆搅在开水内，便成稀薄之浆质。预先加入适度之礬硷，文火煨之，即成香美之甜浆粥。

早年城关各处，皆有粥铺。他们的营业，就是甜浆粥、油炸果、烧饼。开门极早，五更天粥已好了，果子、烧饼也得了，上市和进里头去的人，都可以先喝热粥，吃热果子，一点也不误事。粥铺所炸的果子，是有专门的，形小而圆，有若妇人之手镯。以香油炸之，使脆，撕在碗内，以甜浆浇之，其味胜于口蘼锅巴。惟欲享此口福，必须清晨而起，自往粥铺食之，方美。胡同内，每日清晨，亦有担担叫卖者，而瑕瑜互见，不能尽佳也。

书至此，吾得甜浆粥所以式微之故矣。早年有上朝之制，够了位分的人，半夜就得起床，再说当差应役，作买作卖，人人都得起早，粥铺的买卖自然与制度有关系的。民国以后，人习偷安，不但没有早朝，而且也没有早市，一切都在夜里，大人先生，非过午不能起床，这种专供早食的粥类，也就得自告落伍了。

五

豆汁是酸性的，宜于饭后。北京人无论贫富，没有大清早就喝豆汁的（与豆乳正相反）。至于甜浆粥，则必在早晨食之，并且粥铺的习惯，也没有太阳好高才熬粥的，因为时间和习惯，起了不相容的变迁，这宗营业，当然日见其少。

从前琉璃厂西门外，有一家粥铺，他们炸的小果子最好，粥也熬的香。那时我正在《国华报》，与厂西门相隔不远。北京的报纸，多属早报，工作总在夜里，有时我们完了工作，还要打牌，盹有四圈，天快亮了，大家的肚子，也告了饥荒。此时粥铺已然开门了，便叫馆役去端粥，买果子，乘热大嚼，实在美的很。有时也自到粥铺去喝，这是小二十年的话。

《儿女英雄传》上，佟舅太太和十三妹说："你这么大了，还是北京的娃娃，怎么没喝过甜浆粥呢?"就是这宗东西。

第三　棒糁粥

北京人管包米叫老玉米，又呼曰"棒子"。这宗东西，是北京人普通阶级一种常食。磨了面，蒸食、煮食皆可。玉米粒子，当心中有一点坚硬的东西，俗呼"棒

卖粳米粥

糁儿”，这宗东西是磨不碎的，用罗筛出之后，可以熬粥吃，极为香美。因为很费火，家庭里用者较少。如果想吃，不用自己熬，一枚大铜元，就能买一碗，还给一碟咸菜。作这宗营业的，和卖面茶的一种形式，一个大沙锅，坐在火柜上（圆形），后面一个圆笼，上放方盘，安放咸菜盘。小板凳是不可少的，食者可以取凳围坐方盘，捧碗缩颈而饮。粥热菜辣，有催汗之功。冬季吃之，大可凌寒，亦苦同胞之一助也。

喝粳米粥

六

第四　大麦粥

此亦四季咸宜之品。庙会街市，以及担担入巷，卖者甚多。大凡卖粥食者，其形式大抵略同。大麦粥乃糖食之品，故一般小儿尤喜食之，法以大麦赤豆，和以相当粳米，煮我浓烂之粥，食时加糖，之于食糕，一声吆唤，小儿麕至，当妈妈者苦矣。

第五　精米粥

此类渐亦退化，卖者不大多见。我小的时候，卖者尚多。当年担担卖甜浆粥者多，在凌晨、午间不能无业，于是更熬之锅精米粥，以供午点者之来购，他们用很好白米，加入小枣，煮成浓淡适度之粥，沿街去卖。午间歇火，在夏天的家庭，是常有的事，这时钱有限，便盛一碗热粥来。这宗生活，除了都会，是难以享受的。人说都会人馋，这是不错的，但是他们的馋，是由环境给造成的，因为都会里，卖什么的都有，碰巧买来的比自己做的又好又贱，久而久之，都会人就成了一种买食的习惯。

以上所说的五种粥，都是在街上有卖的。此外如面茶、油茶、茶汤、杏仁茶、藕粉、豌豆汤之类，虽卖者甚多，不入粥类。以下所说的粥，虽有卖者，并不下街。

第六　腊八粥

腊八粥，简直说没有卖的。听说东城有一家饭馆，每届腊八，特别卖粥，因为不甚详细，也就不说了。但是粥虽然没有卖的，可是做粥的材料，卖者甚多。自米店以及干果店，都有腊八粥的材料。先说米店，在腊八以前，便把各种米谷豆类，合在一起，预备售卖，谓之粥米。买者若嫌他们配合的不完全，还可以另卖。有了粥米，再到干果店去买粥果，你要不明白，应当买什么，只管问掌柜说："我买粥果，要全的。"他就给你出主意，如同枣儿、栗子、莲子、白果、薏仁等等，他都说出一个数目来，你可以按照你所希望的分量买。

七

熬腊八粥，是很费事的，家中没人帮忙，简直不敢问津。再说这件事，是有迷信的，因为是献佛的勾当，今年若是熬了粥，就得一年一年地连下去，否则就以为不吉祥。

热心熬腊八粥的，一入腊月，就慢慢的预备，因为有几样粥果，不能骤得，这里没有，还得到别家去问。再说果子里面有几样必须剥皮的，如莲子、核桃、栗子、白果、松仁、杏仁、菱角米等，都很费手。先煮后煮，以及分量的分配，也得预先筹划。腊八这天，必须起五更，最好用柴火将粥熬上，初则火猛；锅开后，则渐减火力；日出后，粥已得了。自然锅大粥多，要特别香美。小锅煤火，就不大合适。

粥熟了，家里供佛的，自然先要供佛；有树木花果的，树干上也以粥浆涂之，这样时那树木到了明春，就能特别茂盛。相传如此，大概也未见得吧。

腊八粥，不但供佛，还可以送人，乃是一种很名贵的礼物。把粥盛在很好的瓷器内，候其凝固，粥面上自然应加许多果子，以作装饰，这一点就可以看出人类的美术思想了。也可以看帝都的人们，是有历史的熏陶的。他们把一碗腊八粥，真能装饰的花团锦簇。他们用一个核桃仁，当作麒麟脑袋，用其他的小果子，装上口、耳、鼻、眼，用红枣当作身子，用瓜子当作鳞，用青丝红丝结成毛尾，便很自然造成一个麒麟。又用白果莲子其他果仁、果肉造成人形，和麒麟一同装在粥面上，题曰“麒麟送子”，为是取个吉利。此外花样很多，各家争奇斗胜，差不多和赛会一样。现在呢？人人都受着经济的压迫，勉强度那不安定的生活，谁还有心作这不急之务？粥或者还有，至于历史上美术代的粥，恐怕从此要少见。

前天晚上，见泽儿案头上，放着一本小品文选，内中有周作人先生一篇小品文，题曰《茶食》。他说在北京十年，不曾吃过一回好的茶食。他以为不想五六百年的帝都，竟自没有适口的点心，未免骇怪之意。这是真的。不但周先生外来的人，有此感，便是北京的土著，也有此感。不过周先生所说的，是民国以后的北京。民国以前的北京，恐怕周先生还不曾到过。民国以后的北京，什么都退化了。以点心铺而论，现在所存的，连百分之一都不到，而这百分之一的点心铺，也无非勉强支持，他们所做的吃食，无不名存实亡，甚至不做的也太多了。西四牌楼兰花斋，总算是个老铺子，我曾亲自问过他们说：“怎么现在的点心，没有从前的好了？难道我们的口味提高了不成?”他们说：“不是您的口味提高了，实在告诉您说吧！现在吃主少了，没有那么大的卖项，我们无非混嚼裹而已。”

八

这样的告白，比什么论辩都确实。没有吃主，就是经济学上所谓没有购买力了，商家无论怎样会经营，社会上失掉了购买力，无论什么商业，也得受了不景气的压迫，何况茶食品？经济不安，当然没有好的供给；人心不安，也不成功呵。由此类推，北京的退化，不仅饮食细节，什么都完了！可是我们不能说历来北京就是这样。

雍和宫老照片

腊八粥，是出于梵典，所以北京第一喇嘛庙雍和宫，每年都举行熬粥大典，除了供佛，还得进上，同时宫里也熬粥，蒙赐粥的，自然是荣幸无比了。

北京人愣说腊八日熬的粥，再回锅，是不会澥的。恐怕也是迷信吧。合起那么多的好材料，无论在什么时候熬，当然是一样的，不过时令与食品，是有关系的，所以孔子说“不时不食”。不时的东西，滋味到底是不对的。

第七　荷叶粥

荷叶粥，是夏天的食品，真有一种清香妙味。粥虽普通，也有手法的关系，不到恰好程度，也难下咽。饭馆所备的荷叶粥，不能尽佳，就是这个关系。李笠翁说过：熬粥最忌兑水。无论什么粥，以一水为度，不能再加。这是经验之谈，非老饕莫辨。熬粥的秘诀，千万不要怕水多。水要少了，粥就太稠，未免就要兑水。一兑水，一切妙味全消失了。荷叶粥更怕兑水，早早熬出来，没什么关系。一兑水就算弃物了。还有一个秘诀，也是必得遵守的，就是粥已煮熟之后，无论置于炉上或移在别处，那锅盖一定要撤去的。假如你不撤去，这锅粥就算坏了。有人问这是什么道理呢？这个是很容易明白的，因为一锅热粥，蒸汽很盛，锅盖不除，蒸汽不能散去，再遇上冷气，蒸汽就变为流质，无形之中，把粥里给兑了好多水，这锅粥照旧不会香美的。温热的时候，也不要盖锅。这就是秘诀，须要谨记。记者是最爱喝粥的人，家里的人，总要把我的嘱咐忘了，或者竟不在意，所以顶好的粥，每每教他们整坏了，还说我脾气不好。其实这也不叫讲究，本来天生食物，皆有一种美味，顶好吃的东西，把它反而弄得不好吃。这样的人，真可以说是暴殄天物了。

荷叶粥也是普通的稻米粥。不过粥已熟，把荷叶在锅上一盖就成了。这一盖，是大有分寸的。荷叶是鲜嫩的，盖的时间，不能太长。太长了，未免味就重了；太短了，又苦于无味，必须恰到好处，使色香味三者具备，而无苦涩之弊，那就是很好的荷叶粥了。普通都是冰镇了吃。那是很有弊的。饭馆子便可以把剩粥冰凉，滥竽充数，色香味一无所有了。必须新粥新叶，温一点也不要紧，庶乎得粥之味矣。

九

红豇豆和赤小豆，都是作粥的必须品，但是很难煮。晋朝时候，石崇和王恺竞争奢靡。石崇请客，咄嗟之间能办豆粥，就是此种粥类。王恺每每自叹弗如，至于扼腕。后来贿赂石崇的管家，探寻有何秘法。说出来也太可笑了。不想皇亲国舅的王恺，连这一点小智都没有（晋武帝是王恺的外甥）。原来石崇先教把豆子煮烂，存在一边，说声要粥，厨子便把白粥熬上。白粥便是白米粥，很容易烂。等白粥好了，把预煮的豆子兑在白粥内，就成了新熬豆粥一样。王恺得到这个秘法，没法形容他的得意。过日他便请石崇吃饭，咄嗟之间，也能做成豆粥。石崇很以为怪："怎么我的秘法，他会知道了呢?"后来知道是他的管家泄露的，他气急了，竟把这管家杀了。同时还有两件事，也为王恺自叹弗如的，大概一样是韭菜，一样是赛牛吧。我已说不清了。单说这最普通的红豆粥，不想在晋朝士大夫间，还有这样一件掀天的风波，如果我们喝豆粥时，把这段历史在脑子里回旋一过，那我们也可以自鸣得意了。

豆粥在北平的大小饭馆，没有一家没有的。最著名的要算是馅饼周了。这是个姓周的回教人，当年只以烙馅饼熬豆粥为业，后来买卖发了，就开了一个饭馆——同义楼——但是人人还管他叫馅饼周，因为北京人读粥与周同音，以后就讹为馅饼粥了。

豆粥的原料，固然离不开豆子，而米也是很重要的原料。家庭自做的豆粥，当初用老米，后来老米缺乏，就改用白米。市上售卖的豆粥，一律用小米。我们熬豆粥时，本来没有竞争的对手，也用不着快，预先煮豆的方法，在我们是无须的。不过豆既难煮，也得先下锅，等豆子熟了，再下米；若是豆米一起下，豆子还没烂，米已没魂了。

十

晋朝的士大夫爱喝豆粥，我们已然知道了。现在的士大夫，也有爱喝豆粥的。据我所知，大粥家，要以张海若先生为第一了，他不但善饮酒，而且善饮粥。我们曾同过一回席，先生自表能饮三十六碗粥。就说馆子里的碗小吧，三十六碗也很可观了。当时业已酒足饭饱，大家一定要当面试验，先生不辞，一连喝了十数碗，就和没事人一样。先生是文人，身量也不大，肚子的容量（限于饮食），当然也是很有限，怎么粥到他肚子里就会没事呢？也许他喝粥时，把石崇王恺的故事想起来了，所以特别喝的豪。总而言之，生理和物理，到底有不能明白的事。常言说："酒有别肠。"我于海若先生，无意中又证明了粥也有别肠了。

以上所记北京的粥类，可以略见一斑，不能详尽，也不能算为考据，不过仅就市上恒见之品，拉杂记之而已。至若林黛玉所吃的燕窝粥，以及富贵人所吃的八珍粥、莲子粥、鸭粥之类，固然也有，因为不大普通，也就没有记述之必要。因为人若有了钱，什么主意都可以出的，什么吃的都可以做得，千奇百怪，哪能没有异样的粥？不过我们不便替他们宣传。

最后我拿两种粥作煞尾：第一就是小面粥。这小面粥，是和前所记棒糁粥为“一家眷属”。小面就是包米面。一般平民以及赤贫之户，都离不了这宗东西。他们用砂锅把水烧开，把小面搅在锅里，逐渐增其浓度，一家八口，分而食之，聊以果腹。这是极贫户极简约的办法。若是有窝头吃的，蒸好了窝头，再熬一锅小面粥，佐以咸菜，那就干的稀的都有了。一般劳动朋友，大都以此为常食。再有不甚发愁的平民，把小面先行加以火炒，然后熬粥，盛在碗里，撒上一面芝麻酱。它的滋味，就不凡了。

第二就是粥厂里散放的小米粥。有多数贫民，都赖此活着。而办粥厂的人员，也赖此活着。要说每天所消费的量数，贵粥和贱粥，虽然没有精密的统计，在我以为也没有多大悬殊。固然穷人多，而富人也实在不少呵！

北京之点心

一

周作人先生说："北京的点心，他没吃到什么好的。"我是北京人，直到如今，我也不知道什么是北京固有的点心，因为北京虽然有六百年的历史，这历史是明清两代分担造成的，那个应当归入明代，那个应当归入清代，这真是一件难事。就拿点心铺而论吧，他们都写着满汉糕点的牌匾，但是那一类是满点，那一类是汉点，不但买主不知道，恐怕连卖主也都不知道。点心铺又有直书"满洲饽饽"的，这无异告诉人都是满洲点心了。关于此等掌故，大概有能知道的，可惜我不大留心，自然说不出所以然来。不过点心的名称，有叫萨其马的，有叫巴拉饼的，有叫奶卷儿的，这大概都是满洲饽饽了。

文化是没有界限的东西，人类只管自己捣乱，显分畛域，那文化是满不在乎的，不知什么时候，就混在一起。点心也是人类文化的一个结晶品，它不能永远固陋，可也不能永远的好，忽而好忽而坏，忽而又坏又好，这就是文明的步伐，点心也是如此的。

北京的点心，是一种混合文化，如今已入襄退期了。我下面所记的，也可以说是吊古伤今，作以前的梦吧。

也不用说满点汉点，既名点心，当然以好吃为限。不好吃，那就不足为贵了。要打算好吃，第一要有好的材料，第二要有好的手艺。

北京的点心铺，当初很多。田姓的一家，就占了三分之一以上的买卖。点心铺俗谓饽饽铺，他们的生意，是极有美术性质的，不但所有糕点，要作得美丽，便是门面也极其讲究。铺的门面，都有一定格式，旧式的金碧门面，要以饽饽铺为第一了。不但门面幌子招牌之类力求美化，一直到后面面案红炉，没有一样不美丽的。在早年没有“卫生”这一个名词，假如说“目治”的卫生，谁也比不过饽饽铺。

二

饽饽铺主要的材料，自然离不开白面，不过这是基础材料；而味的材料，那就不可胜计了。最要紧的是奶油和蜂蜜，其他才说到各色果肉果食，糖是最劣最俗材料。好的饽饽铺是用不了多少白糖的。

退化了的点心，为什么不好吃？就因不使好材料了。你们不信？到时兴的铺子买一匣点心，一定是甜的要命、硬的要命，北京的好点心，是不要它甜，也不教它硬，但是谁知道它的好处呢？人人都说甜的好、硬的好，所以勉强支持的北京饽饽铺，心眼儿一活，也就甜硬化了，居然也拿甜的硬的来迎合心理，倒有买卖作了。那心眼死笨的，老守旧法的，知道买卖不能作了，关门！

我的家乡，虽在西郊，门头村里也有一家饽饽铺——德和斋，临关门的时候，货房内还存着几缸蜂蜜、几缸奶油。听说现在德和斋还有，但是已易主了。蜂蜜和奶油，已由原主卖在城里，这几年大概早已用完。什么饽饽铺，大概都以白糖为主要材料了。究竟什么是可贵的材料，大家认同，就是可贵的材料，我们处处以超社会的脑子、历史的意识、诗的境界，对于万事万物去推敲吟味，那么我们所发见的，惟有付之一叹了。

昔年北京的饽饽铺，如此其多，并不是只供人间口腹之欲，也有理智上的需要存乎其间。北京的风俗，两家订婚之后，那怕八年不娶，男家对于女家，每届令节必须备办礼物，装在很讲究的食盒内，恭恭敬敬地送了去，俗曰“追节”，直到娶过来为止。一节不落，才算礼节。这些礼物，有烧猪，有鲜果，大饽饽尤为必备之品。

三

现在的饽饽铺，关于追节礼品，固然还作，但已成了“告朔之饩羊”，有名无实了。不但材料坏了，而样子也不及从前压样。从前的大八样，以及龙凤饼之类，都是追节用的压样饽饽，也有照着节令预备的，如同玫瑰饼、中秋月饼、重阳花糕之类，因为有一百万以上的人口，又是帝都，这礼品的需要，是天天不绝的。饽饽铺之多，也是势所必至。

白事的供品，也需要饽饽。体面一点的人家，在灵前至少要有一桌子饽饽，俗谓“饽饽桌子”。饽饽桌子，也是饽饽铺一种大销项，桌子有一定的样式，堂皇无比，饽饽也有一定的样式，一律白色，供在灵前，就如一座雪山，那是中看不中吃的东西，亡人享受的了享受不了，我们无从知道，生人实在没法吃，这真是一种纯料的礼品。

所谓点心不过点点而已，又曰茶食。恐怕空茶太简，所以必须佐以点心，一点即可，不能往饱里吃，吃饱了不但没有益处，恐怕反而有害，何况饽饽铺里的东西，油性太重，吃多了，要伤胃的，必须慎加检点。

饽饽铺里的东西，我第一爱吃萨其马，加入奶油的尤美。它的甜味是蜜甜，并不是白糖的甜味。蜂蜜这宗东西，是我们人类硬由蜜蜂口里夺来的食，这些渺小的劳动朋友，终岁勤劳，造成它们过冬的食料，就因为抵抗力太小，被残忍的人类，把它们的制作品完全掠夺了。好在蜂厂主人，还给它们一点白糖吃，那就算极有恩惠的待遇了。一遇不景气的时候，供应不了白糖，那是有最后办法的“杀”。

四

蜂蜜是采百花之精酿成的，与猿酒一样是不经烟火的美味，也因为美的原故，所以人类才生心夺它的。

蜂蜜甜之中，有一种说不出的清香。好的萨其马，蜜量很多，吃在口里，不嚼自化。新的茶铺里也有萨其马一类的东西，那是豆油炸面条，裹以糖稀，既硬且粗，日子多了能代砖头使唤，理应改良。点心的灵魂，在松软，比较古典一点的形容，就是“酥”字。无论蒸、炸、煮、烙，总是松软的好吃，坚硬的是下品，如同饼干，可是硬的。那好的饼干却不硬，它那硬度是假的，一到口里，立刻松化，因为它包含着许多的美材，不光是糖和白面。北京的饽饽铺，早年时舍得使好材料的，所以松软的点心很多，萨其马就是其中一种。

蛋糕在中外点心里，一致发明，也可以见人同此心、口同此味了。蛋糕在饽饽铺里，有三种做法，一种叫糟子糕，是用各样糟子烙成的，最为普通，油性较少，虽然没有特别风味，多吃两块也不至伤胃，倒是一件实惠东西；第二种叫油糕，做法和糟子糕一样，不过分量大些，油性较重，糕面上满布瓜子青梅红丝；第三种，叫小油糕，每一块约抵大油糕十分之一，价钱比上二种贵一点。

以上三种蛋糕，本不足为奇，近年以来，大见退化。大油糕简直还没有窝头好吃，倒是小油糕还有一点风味，也不是家家都好。地安门外的桂英斋，有两号，挨近鼓楼那一号的小油糕特别好。

鸡蛋卷，也很松酥，加入奶油的名曰“奶油卷”，尤为适口。

饽饽铺的点心，虽然名目繁多，大抵不过硬皮酥皮两种。酥皮的有几种应时的东西，如藤萝饼、牡丹饼、玫瑰饼，花样之类，外表虽同，而质有优劣。大抵皆为蜜馅，虽用诸种果仁和以鲜花之瓣，而研磨最细，使成蜜质，又不甚甜，此为得之。

五

饽饽铺在一百两什行内，谓之红炉行。八月中秋节和新年，都是作好买卖的日子，他们例年都有一种供会，十个月为满，预先售卖会帖，为年终取供之用。供品有月饼，有蜜供，按照会户所希望的分量和品质，一一写在会帖内，每月上会一次，他们便在会帖上打上一个印，由正月发帖，二月打印，推至十个月，就算满了。在一年末尾，一两个月内，他们便预备造供，到了腊月底，就给各会户送去，或是持帖自取。这种办法，也是一种契约，足见清平之世，人心安暇。暮四朝三，或朝不保夕的不安现象，简直没有。现在呢，不但居民不敢上会了，而铺子也不敢起会。民国的事情，谁敢保十个月之内，没一点令人哭笑不得的事情呢？青天白日，是老天爷的功德。至若民间，还不是少天无日，昏天黑日吗？

上会的打满了会，他们的满足就可以想见了。他们倒不为这区区供品，因为供会一满，那新年乐事也就有希望了。人生在世，本来是要有希望的，尤其对于年节，要有希望。良好的国家、完善的政治，也无非使一般民众永远的有希望。若是弄得老百姓一星希望都没有了，没别的，那就预备亡国吧。固然年节有时令人感伤，我就是怕见年节的一个人，因为一遇年节，我的牢骚就不打一处来，甚至我一个人找一个没人的地方哭去，可是对于一般民众，一定要给他们希望的，尤须具体地给他们快乐。

供品取在家里，小孩子可就乐飞了。妈妈说：“不许吃呢！先得供佛。”于是观世音菩萨、关圣大帝、天地爷为灶王爷，都给他们上了供，还加了许多装饰品，为是新年有人来拜年，看着体统些。

蜜供我觉得比月饼好吃多了。白月饼枣泥馅的，还好一些；红月饼口味，未免太重了。蜜供是另有一行手艺人做的，和红炉行一点关系没有，可是普通的饽饽铺，都代卖蜜供。

过年的供桌

六

作蜜供的手艺人，都出在京东。他们是有秘传的。一入冬，他们都进城来，在作坊里造起蜜供，哈德门外头药王庙，庙主是我的朋友，他们庙里就有很大的蜜供作坊。蜜供也是麦粉作的，面里和以种种有味的材料，炸成寸许长、分许宽的方条，再用炒蜜裹之，筑成塔形，以便上供，所以谓之蜜供。铺子里零卖的谓之碎供，那不过为当点心吃。这宗食品，除了北京，别处是没有的。

他们例年也起会，谓之蜜供会。提起供会，在这里有一个故事，和《聊斋》一样。不妨把它写在下面，不过迷信一点，大家只当笑话听便了。

提起“供王四”来，北京人听说过的很多。王四的后人，现在又没有可不知道了，听说他的房子都易主了。王四是专门办公会的一个红炉行的人，所以大家都管他叫供王四。他的实名，倒没人知道了。当初他是普通买卖人，并称不起什么财主，后来他无意中发了一笔鬼财，从此就列在财主之林了。

有一年他的买卖作亏了，把会钱也使了，入了腊月门，他还一点章程没有。月底的供，怎备办呢？这不是要栽跟斗吗？也因他历年的信用，责任心是很重的，他便要自杀，以谢会户。他老婆说：“你何必行此短见呢？不如走几天，到月底我来搪他们。我是一个妇道，他们也不能把我怎样。等到过年周转开了，加倍还他们也就是了。”王四一听：“也好。”便把家里事托付贤妻，他一个人想逃到天津去。那时还没有火车，他走到京东一个市镇，天已晚了，他看见一个废宅，只在门房有一个老头子看着。他为省钱，便想宿在这废宅里，于是他便和那老头去商量。

七

这老头看王四不像歹人，就问：“你要作什么？”王四说：“我是行路的，想要在此借宿一宵，明天早行。”老头子说：“出门的人，谁也不能扛着家走，在此住一晚，又何妨。但是不是我拒绝，委实这里住不得，我又没有富余铺盖。大冷的天，你还是到旁处去吧！”王四说：“我也是很困难的人，并没有多少盘缠，自要能住一夜，就得了。我见这里好似没人住，不论那间空房，蹲一夜也没有什么。”老头子说：“你不知道这里闹鬼，进去住的人，别想活着出来。我是没家的人，受了房主几文钱，在这里给他看着。这样吧，你就在我这门房住一夜，可千万别到院里去。”王四见说，自是千恩万谢。到了夜半，老头已然睡得很熟，王四却是睡不着，想起他的为难来，真不如死了干净。他一抬头，忽见院里明灯蜡烛，每个屋里都像有人，在那里办公。他口里不言，心中暗想："好怪呀！老头说这里没有，我看也是空屋，怎么如今又点上灯，有好多人在那里办事呢？难道别有隐情？或者这里是个秘密赌窟，不使外人知道，所以拿鬼吓人也未可知。"想到这里，他被好奇心所驱使，想到院中，看个究竟。这时那老头儿依然酣睡着，王四便蹑足进入院里，只听上屋里有算盘和天平的声音，好像在那里称银子。又听一个人说："伙计们，今天夜里咱们就交差了，因为财主已然来了，咱们把银子交给他就没有事了，省得日夜悬心，负着这样责任。"又向前走了几步，并且向屋里的人问道："财主是谁？"屋里人说："是北京的供王四。"王四一听，不知是惊是喜，脱口说道："我就是王四。"屋里一个主事的人说道："我们已知道你老人家来了，正要请去呢。你请进来吧！"王四见他们一点恶意没有，便进入上房，只见几个人，也没什么两样，正在那里盘银子。

八

见了王四，自然有一番很恭维的话，既而主事的开了一个单子，写明银子的数目，为数很巨，大约在十几万两以上吧，交给王四，说："这都是您的财产，我们奉命看了半年多，少时您自己查点一下，我们可就交差了。"王四心知道这是一件怪事，"君子不和命争，假如这财真当我有，他们也许能给我送到家里去。"因向那主事人说："我也不必查了。这还能有错么？但是我家住北京，在这里交割，于我不大方便。你们几位已然辛苦半年啦！这样吧，求你们老几位再辛苦辛苦，把这银子给我送到家中，那我就感谢不尽了！"主事人见说，想了一想说："可也是。在这里交割不大方便。我们爽得给你老人家送了去，您得指明一个地方。"王四说："我家在某胡同，西院是块空地，就窖在那里好了，我这里交给你们一个表记。"说着把自己二纽上所戴的一挂银三饰，交给那个主事人说："你们把这三饰插在地上，我就知道银子已经交到了。"主事人满口应承，王四也就跟他们揖别，仍到老头儿的门房。幸喜那老头子还未曾醒，他只得假寐一会。

到了次日早晨，老头子起床之后，他才告辞，也没提昨夜之事。他不到天津去了，心说："既有这样怪事，倒得回家看看。”又恐回家之后，被鬼揶揄，根本没有那么一回事，那不过还是一死。他懒洋洋地往回里走着，日落好久，才到家。他的老婆一见他回来了，未免吃了一惊，只得问：“你怎么又回了？有章程吗？”王四说：“明天不死，就有章程。你千万不要问我，先给我作点什么吃，我已然一天没吃饭了。”

九

老婆见说，连忙给王四去作饭。吃完饭，老婆问他说：“你走在什么地方回来的？必是遇见什么人了。”王四说：“也没遇见什么人。不过我想着回来好，天可怜见，也许有救。我走的太乏了，想歇一歇。”他老婆也不好再和他说话，只得给他放开铺盖，看着他睡了。但是王四虽然躺下，哪里睡得着，一心竟惦记那件事，又不敢和老婆说，生恐到西院一看，若是没有那件三饰，那就真被鬼冤到家了！他老婆看他这样子，也不敢睡，生恐有什么意外。天都亮了，王四才和他老婆说：“你到西院空地上看看，如果我的那件三饰在地上插着，你可别动，回来告诉我。”他老婆也不知是什么事，只得照他所吩咐的去看。王四呢，已然失了魂一般在屋里等着。不大工夫，他老婆进来了，笑嘻嘻地说：“到底是什么事呀？那件三饰真在那里插着呢。是你插的么？”王四见说，跳起来道：“真的吗？”连忙自己也去看，果然不虚。他这才说：“上天无绝人之路，想不到我王四还有这么一点财命！”当下把路上遇见之事，和他老婆说了一遍，自然也是十分感激，于是请了些香烛纸马、猪头三牲，夫妻两个，祭了一回财神爷，才秘密地取出窖金。当下置办材料，多招工匠，把本年的供品，加工赶造，幸喜不曾误期，到了腊月底，全行发出去了，从此供王四的声名益发大了，饽饽铺和供局子，开了好几处，房产也置了不少。民国以后，他们的买卖受了革命影响，多行倒闭，加以他的子孙，不能照他那样正直负责，亏人益已

鼓楼前的商业街上，路东，当年著名的闻异轩香烛店。卖各种燃香和蜡烛。

的事在所难免，财神爷自然也就不嘉惠他们。可见人要发财，第一要正直。爹正直，爹发财；子正直，子发财；不正直的人，使心用计，勉强发财，也和贮存炸弹一样，不知什么时候，一定要炸的，可怕极了。

十

饽饽铺的营业，如上所述，已然得其梗概。此外尚有专门的点心铺，俗谓之茶汤铺。他们虽以茶汤藕粉为正业，也作各样点心，不过没有饽饽铺那样的规模。这种茶汤铺古老的很多，有百余年历史的，有的是他们大体是一间门面，勾连搭三游，门前安放一只又大又亮的茶汤壶，那就是他们的招牌一样，里面随墙放着几张方桌，桌上放着四碟或六碟他们自作的点心，还有一个竹筒子，里面放着筷子。墙上也镶着不甚出名的字画，颜色却已古了。普通一张红单，就贴在每张桌的墙上，写着：茶汤每碗几枚，桂花藕粉每碗几枚，元宵每碗几枚，点心每碗几枚。进去吃点的人，按图而索，一点也不费事。他们的点心，以焖炉烧饼为最佳，必须等他们刚出炉的，趁热吃，绝美。馅儿不同，有干菜的，有脂油葱花的，有枣泥豆沙的，皆以热食为宜，一凉就不美了。他们的元宵也好，最著名的是蜂糕，给小孩子吃容易消化，所以整蒲包买的很多。

蒸锅铺也是变相的点心铺，不过没有什么细致吃食，他们的幌子是纸糊的，饰件连在一起，上面贴着戏齣，加以花红彩号，迎风招展，也是古都一个特色，如今不见了。他们一边作蒸锅营业，一边又出赁小说，用五色纸条写着各书目录，贴在窗上，爱看小说的人，都到蒸锅铺去租赁，也不知是谁给留下的这一种典制。如今人心不古，借书都不还，何况赁书？可是那时竟有这宗营业人，心的诚实，可以想见。他们还有一个特别手艺，就是蒸“面鲜”，用面蒸成各种鲜果形象，饰以彩色，和真的一样，这是献与死人的东西，生人只能看，不能吃的。

十一

精美的点心，不必出在专门的点心铺。饭庄饭馆，附带的点心，亦有很出名的，如同致美斋的番毛月饼、萝卜丝饼，皆有独到之处。大茶馆高明远的肉丁馒头，也很出名。至如普通蒸食，有名的饭馆子，都能令人满意，因为比较大一点的饭馆子，皆有特设的面案，专做点心和面食，所以照致美斋那样的字号，虽说是饭馆，同时也是点心铺。

此外不称为点心铺，或下街，或设摊床，亦有极美之点心，如同甑糕、支炉糕、豆渣糕、豌豆黄、水晶糕、小窝头、酪干、奶笔，也值得特笔，因为除了北京，在旁的地方，也不易吃到。

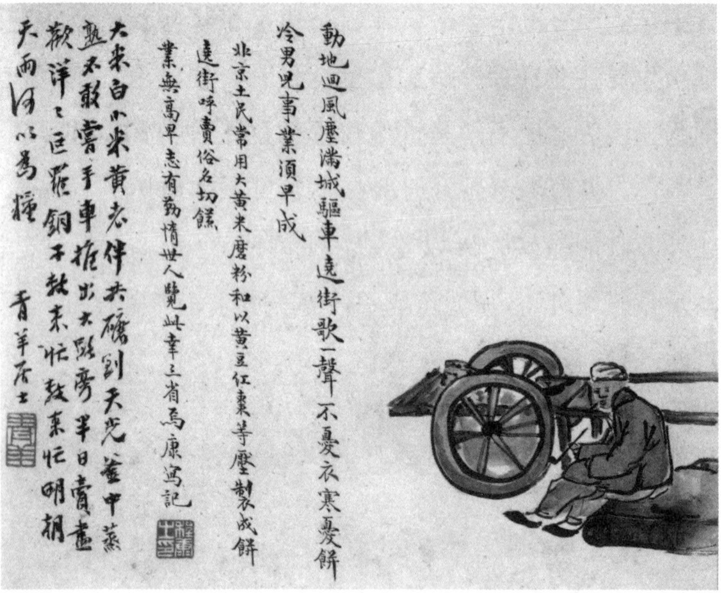

卖切糕（陈师曾绘）

甑糕是个古老的营业，天气一暖，街上就有卖的了。一个人担着一架高脚担，前面是个小火炉，炉上嵌着一个缩口铜锅，那就是《孟子·滕文公上》所说的“以釜甑爨”的甑吧。甑内满贮滚水，因为甑口极小，蒸汽上来的极为踊跃，这时甑口上又嵌着一连四五个的通天木槽，那就是他的蒸具。后面是一个黑漆木匣，里面放着米面、白糖以及各色果仁。他到了人家门口，唤吆一声“咿哟甑糕喂”！小孩子或是大人，如果想吃，就可以教他蒸。每一块糕，不过酒钟大小，按照所使的材料，价钱互有不同。他把米面放在木槽内，加上糖和果仁，嵌在甑口上，不一会就熟了。用一根小木棒，在木槽的屁股上一通，那块糕就给顶出来了，趁热吃还好，凉了就不大高明了。这宗吃食，本来近于儿戏，但是他实在是故都中一个古典的营业。

支炉糕也是哄小孩子的食品，大人也可以吃。他的担子，比卖甑糕的矮多了，前面是个方盘，当中穴了一个洞，一个小火炉，就把炉口嵌在盘口上，炉上架着一个鼓肚子而周围卷边的铁器。这个东西就叫作支炉吧。又像烙煎饼的鏊子，不过太小而且有卷边，那是不同的所在。

他们所用的材料，也是一种黍类，用水磨磨成浆，使其发酵，就可以使用。烙时和摊煎饼一样，不过不用木板摊，用勺子把米浆倾在支炉上，自然成个圆饼，而且当中薄、周围厚，烙熟了，撒上黑糖，叠成半月形，就可以吃，倒是很松软的，也是热的好吃。

十二

豆渣糕是先用黄面加以豆沙或枣泥的馅，蒸成小饼，再把预先蒸好的芸豆渣子，满满涂在黄面饼的周身，重蒸一回，就好了。市上虽有卖的，要以元兴堂等回回馆子作得最好。也有一层黄面一层豆泥蒸成一块大糕，推着小车子，在胡同里叫卖的。它是用一把竹刀，切着卖，虽然细腻，却不甚好吃，因为它已然失了豆渣之义了。豆渣是把豆子破成几块的意思，并不是使它成了泥。成了泥的豆渣糕，是名存实亡的，与哄小孩的豌豆糕没什么分别了，不过一冷一热而已。

豌豆黄，和水晶糕，现在东北的大饭馆和稻香村一类的茶食店，也有卖的了。这宗东西本来不难作，好吃不好吃，就在诚实不诚实。诚心细做，加好材料，自然就会好的。北京北海公园里仿膳饭庄，关于此类细点，都可吃。

小窝头也是仿膳开辟出来的一种点心，现在差不多满街都是了。小窝头听说是慈禧皇太后所喜的东西。慈禧在母家的时候，就喜欢窝头，进宫以后，这宗平民之食，就不易见了，后来她老人家垂帘甚久，自然对于御膳，有好多破格的地方。民间食物，如同二米子饭之类，添了不少，窝头自然也就充了御膳。就此一点，不能不说她老人家是平民化政治家的首创者了。不过御膳房的人，不好把真正民间一样的窝头供御，所以把形式改小了，把面磨细了，又加入一些甜味，就成了御用窝头。民国以后，什么买卖都要以“上用”二字作宣传，而仿膳也就是迎合这种心理，而成功了的一个饭庄。

十三

有人疑惑富无过帝王家，宫里头不知要吃什么好东西呢。其实不然。皇帝的俭朴，那真出人意料以外，钱虽然花了很多，恐怕十分之八都被办事人赚了去。慈禧当权的时候，好游园子，西山静宜园，是每到四月必去一荡的，不过当天就回去。所谓御膳，地方上不能供应，都是自己带去的。饭也是普通沙锅煮的老米饭，还有白米和小米合煮的二米饭。菜蔬鱼肉，也没什么特别出奇的，不过两人担着一个大笼，蒙黄龙包袱，不知道里面是什么。其实见了实物，也有令人索然无味的。固然帝王家之富，非比寻常，若说到饮食上，天府实在不如人间，奇珍异味，不合制的，皇家未必敢吃，倒是民间富豪，多能恣饕餮之欲。就以市上仿膳而论，连炒麻豆腐都有。可见宫中所食，也无非是普通家常饭了。

北京的点心，有好多叫窝窝的。这“窝窝”二字，到了今日，也不知是音是义了。最普通的，如同窝窝头、碌碡窝窝、牛筋窝窝之类，大约不甚细腻而带有乡村色彩之点心，多以窝窝名之。可是有一种叫爱藕窝窝的，名实皆为雅饬，现在是旧历正月，正是爱藕窝窝上市的时候，北京的爱藕窝窝，和奉天的凉糕大同小异，都在正月里卖，不过爱藕窝窝松软可口，比起凉糕，不能同日而语。凉糕是把糯米面蒸熟之后，用以为皮，包上芝麻白糖，撒上米粉，表面上和爱藕窝窝一样，实质上还是变相的黏糕，时候多了，被风一吹，照旧挺硬。

十四

爱藕窝窝是把糯米整粒煮熟，候其水汽全无，起在盆里，便成了又松又软的糕质。用这样米粒犹存的糕质，包上各色甜馅，撒布糯米粉，点上红点，以别馅的种类。这宗东西，便叫爱藕窝窝，也是一种凉点，现在不是正开厂甸么？爱藕窝窝也是一个应时的点缀，但是若讲漂亮而且好吃，是在门框胡同同乐茶园门口，有一辆小车子，装饰得非常干净，一个回教人，年中要卖些日爱藕窝窝，他用的是真正糯米，馅子也好，偶尔吃他两块，倒别有风味，不可不尝。

门框胡同别看小，真有好东西，吃的、使的、用的、娱乐的，全有。胡同内还有一家酪铺，我把它的字号忘了。它的酪作的最好，一点假也没有。最拿手的是它的奶干、奶卷。这两种奶食，恐怕置之最美的洋点内，也无逊色。

北京太大了，吃的东西，竭数人之力，一意搜求，也难免挂漏，何况社会状态，此退彼进、顾此失彼者也不在少处，古老的点心，退化了的很多，新式点心，自然有取而代之之势，如向西单牌楼的有光堂，就是一个最时髦的点心铺，冷热的点心以外，还雇有粉白黛绿的女招待。一个“小一号”（女招待），已然弄得满城风雨，古老的饽饽铺，已悬着满汉糕点的旧牌子，他们那能制造这样特别的点心呢？自然以为不随时，宁可买卖不作，不肯同流合污的也有的是。我这篇东西，也无非借题发挥，托物寄兴，若拿这样的东西，当作游历北平的指南针，那就不合体裁了。游历指南，指不胜屈，北京的小报，如《群强报》之类，从前也有较详细记载，如《燕市积弊》之类，现在还有人奉为职经贤传一般，这真可以为文艺贺了。

北京之饮食店

一

这个题目，未免太广泛了。本来现在既非科举时代，也用不着作枯窘文字，没罪找枷杠，乐得寻个宽广题目，庶乎不至“作茧自缚”。我们读《东京梦华录》，见他所说樊楼、牟楼，那是何等令人神往。本来一个帝都，若是没有几处大饭馆子，那就同巨室大家没有厨房一样，何况北京比起当年的汴梁，恐怕进化多了。大的饮食店，那是自然应运而生的。

新的蕃菜馆，姑且不言，犹如我在“点心”一门内，不谈洋点，因为它们不是北京固有的。北京固有的馆子，多半受革命之赐，归于无何有之乡了。如今我就说那没有了的。现在还有的，也略微说几句。读者果要想旧的北京，在已经没有了的上面去想，或者能得一些梗概。至于现存的改装的地方，已然不少，恐怕不是本来面目。

北京头等的大饭馆子，不叫饭馆，而叫茶馆。这虽然奇怪，其实一点也不奇怪。因为他们的营业，本来是以卖茶为正宗的，饭菜倒成了副业似的。其实还是饭菜卖的多。

阶级制度，好像是人为的。本来的人也许不愿意显分阶级，其实在自然界里，人虽然没有阶级，一到了社会里，这“方以类聚，物以群分”的自然趋势，立即就看出来了。我们到了大茶馆，很为吃惊的，就是阶级分的很清楚，挑筐卖菜，常差应役，以及有钱有闲的，都是各有的处所和座位。即便是茶钱一样，恐怕也不乱坐。这就是社会上的自然现象，你要想给他们打破，教他们混然杂坐，不分彼此，我想他们一定都跼踏不安，反倒不能尽欢而散了。能拿等平的精神和意志，去待遇老百姓，那就很为圆满了。徒逐于形式之末，其不大糟而特糟者，未之有也。

庚子以前的大茶馆，它们依楼还能维持它们的佳运。庚子以后，就渐入衰运。辛亥以后，就无法维持。这种樊楼、牟楼式的营业，便成了历史上的陈迹了。

二

北京的大茶馆，字号都叫“某某轩”。西北城我比较熟悉一点，著名的大茶馆也都进去吃过饭，如地安门外的天汇，平则门内的天禄，西四牌楼的天德，西单牌楼的龙海，其余东南城的大茶馆，我也有去过的，也有没去过的，记忆不佳，又没书作参考，只得仅就记忆所及，说个大概，也就够了。因为大茶馆的组织，全都一样，

永定门外大街路西的一座高约10米的砖台，其上竖立着高约8米的石碑，碑上镌刻着乾隆撰写的满汉文字对照的《御制皇都篇》和《御制帝都篇》，北京中轴线之南端，正由燕墩而起。

看了一家，其余的也没什么特别，所以没有分述的必要。如今我就拿天汇轩作代表。

天汇轩，要算是北京首屈一指的大茶馆了，再找比它大的，那就真没有了。

我记得初次到天汇轩去。我不过才十来岁，是跟着先严到街上去闲游，因而到天汇轩去喝茶吃点心。天气还不大热，记得还挂着棉帘子。天汇轩的帘子，特别分量大似的，我记得我一个人好像掀不动似的。这或者不是帘子分量大，大概也是因为我太小吧。帘子开了，吓了我一跳，只见里面烟气弥漫，人和鸟的声音，就如海边涨潮一样。我们进去之后，那烟气也觉得小了，一直向后堂走了去。我看后堂那个门，好像很小，到了以后却很大。因为距离太远了，所以看得小了。

后堂宽敞而明亮，壁子上镶着好多字画，桌椅也都很干净，茶具都是细瓷。我们找了一张桌子坐下，堂倌拿过一把茶壶，两个茶碗。我父亲由怀中取出一包在街上买的茶叶放在茶壶内。堂倌早把开水壶提来，给沏上茶。又在茶碗内给倒了一点开水。那是为洗碗的。这时我父亲到邻桌各茶座都让了一让。原来这也是规矩，在我就不解所谓了。我竟等着喝馄饨吃肉丁馒头呢。

品茶客（陈师曾绘）

三

大茶馆的形式，大都五间门面，不能再小了。天汇轩是几间门面我忘了，大约在五间以上吧。因为后来它的遗址，改建了一个劝业场，足见是很大的了。一进门，左边是窗，右边是柜，烟气之盛，就因为炉灶的关系了。他们的炉灶，是有茶灶、厨灶之分的。茶灶上一连坐着五把大铜壶。每一个壶，都有人身大小，壮观已极。这样大壶，是不能提用的，只不过利用它们的容量，把水坐开。再由壶里向小壶倒水。小壶之数，密密匝匝，放在大壶底下，一时也数不清。就看它坐水的家伙，便可想到一天卖多少开水了。

厨灶更大了。十几个掌灶，手里的炒勺，不能停一会，“刀勺乱响”四个字，那是最确切的形容了。一进门，当中是走道，直达后堂。走道两旁，都是朱红栏杆。栏杆内，便是茶饭座。各有等级，虽然没有限制，任人可坐，可是每一等人，自有他们常坐的地方。一进门的初级座位，都是条桌、长凳，茶具也是粗的，这都是劳动朋友常占之处。他们作完买卖，便到大茶馆去休息。或喝茶，或吃饭，听其自便。坐一天，也没人催。以下二级三级，推了下去，直到后堂雅座，都有相当的顾客。提笼架鸟的有闲阶级，他们在大茶馆里最有势力，虽然悬着“莫谈国事”的牌子，所谈的也不外乎国政。宫门抄背诵的非常之熟，好像天下大事，了如指掌一般。不过总免不了附会和迷信。此外还有古词野史掌故通鉴，也谈得津津有味。不过有时与正史不合。书画骨董，也能一一品评。不过老是一颗珠子比月光还亮，一个大碗里，误放一块肉，隔年视之，厥肉未腐之类。鸟类昆虫倒是有很好的，它们若是比赛起来，或是讲到鸟史虫经，真能使人陶醉，流连忘返。

四

大茶馆是养鸟人的俱乐部，这是尽人所知的。鸟的种类，大别有二：一是歌鸟，以善鸣为前提，如画眉、蓝颏、红颏、百灵、黄雀等是。此等鸟类，不仅善鸣，而羽毛相貌，亦须出众。至于笼子、食水罐等类，无一不讲究，无一不精良。养鸟者，清晨而起，提其笼，以

冬日，养鸟人和他的宝贝儿（红玉喉北蜂鸟）

蓝布罩罩之，出野外，走十余里，谓之发遛鸟。然后进城，至常至之大茶馆，悬笼于鸟架。出茶叶，使堂倌泡之。又出鼻烟壶，倾少许于翡翠之烟碟。少坐。然后以布撣撣其鞋，呼水净其面，半箕而坐，跷其一足，置别膝上，为状至适。于是口品茗而鼻嗅烟，与鸟友大谈其鸟史。谓某人之红颏，某公爷欲以十三太保车易之，某犹靳不与。又谓某人之画眉，奇种也，遍身如雪，为生平所未见，八额驸以千金易之，某本愿与，惟出价之后，苟不出售，恐鸟有不祥，是以忍痛割爱云云。凡此之类，皆属歌鸟。鸟之歌，有净口脏口之分。净口者鸣声嘹亮，套数甚多，而又无嫌忌之声。斯乃上选。脏口者，其鸟已染嫌忌之声，则一文不值矣。大凡善鸣之鸟，每效其习闻之声。栖陆者习陆鸟之声，近水者多水鸟之语。惟养鸟者，反其习性，戒其自然，使陆鸟歌水，使水鸟歌陆，调练演习，厥功甚勤。故一鸟之成功，养之者已不知耗去几多心血矣。

脏口之鸟，犹之恶口之人。所到之处，人皆恶之，恐被传染也。亦有新进鸟家，不达公众规矩，鸟本新进，能力有限，乃故得意使鸣。有老于斯道者，恶其轻率，则除己鸟之笼罩。鸟见有敌嘶鸣，倾耳听之，知为雏也。引吭一鸣，其声高压而下。所歌之语，亦老练警拔。新进之鸟，欲敌不能，欲止不可，气格喉头，非坠架而死，即从此瘖哑不能复鸣。

五

语云："虽小道必有可观。"所谓可观者，不必定在技术方面。可观与否，要在有无规矩。有规矩那就可观，乱七八糟那就没什么可观了。养鸟社会，无形中也有好多共守的规矩，就如一头新进之鸟，不问其为画眉、百灵、红蓝颏，要想使该鸟口净，技艺上达，必须使先进之鸟，徐徐导之。此等领导之事，谓之压鸟，又曰上口。上口时先进之鸟如师，后进之鸟如弟子。先进之鸟大敞其范，鼓翼而歌其得意之作。新进之鸟，则以布罩密闭其范，悬于师鸟之侧。师之鸣声套数，弟子于范中倾耳而听，心领神会。如此循循善诱，经许多时日，新进之鸟，能效其声。再加以人功之调练，于是此鸟始成上品。惟鸟之求师亦犹人之求师问友，必恭且敬对于师友，优礼有加，始获教益。否则无有教之者。惜也！此等礼数，鸟不能为，皆系养鸟之责任矣。

第二类之技鸟，吾人在大茶馆中时时见之。盖演技已完，必到茶社以资休息也。此类之鸟以梧桐为代表，锡嘴燕雀交嘴呼不喇等闲亦有之。梧桐不知其本名，俗呼曰梧桐。吾以为应当书作鹊雕。字书中虽然没有这样的字，杜撰这两个字也未尝不可。鹊雕为状，头部黑色，背灰色，翼黑色而有白羽，腹部灰白色，尾黑色，间有白羽，嘴大，黄色，而有黑斑。黑斑多者，其年最稚。爪蜡色。体重六两至八两。以演技故，体质轻小者为贵。技鸟所演之技，大抵皆为衔丸之技，俗曰“打弹”。以牙制之大小二丸，如桐子大，鸟人托鸟于掌，先抛其小丸，鸟飞而衔之。若新进之鸟，第一丸始出，第二丸即须续之。若在先进已成之鸟，则第一丸虽出，第二丸则久久不出。斯时也，衔第一丸之鸟，则围绕鸟人，盘旋而飞，为度不疾不徐，状至闲雅。高度去地不过丈余，且盘旋一周，其外围必扩大一次。多年老练之鸟，能飞至十三盘。鸟人默志其数，度其数已足，则扬手抛第二丸。第二丸以高为妙，人目不能视，鸟则鼓翼而上，仰首以承其丸。于是二丸在口，依然飞至主人掌上，吐其丸。若曰：幸不辱命者，主人则饵以小麻子，以嘉奖之。少憩再抛。观众莫不叹异称奇。鸟人之得意盖可知矣。

六

鹊雕之性质，至为温良，虽新捕得者，野性亦不甚大。抛丸时常在大街，行人车马，以及围观之人甚众，鹊雕则向无惊飞之弊。最奇者，鹊雕衔第一丸盘旋飞绕时，每每穿行人而过，且其圈周愈展愈大，仍能目视主人，留意第二丸之上抛，非聪明绝顶且有耐性者万不能办。而鹊雕之价值，所以高过他鸟者，亦在此。

玩鸟（陈师曾绘）

普通爱畜鹊雕者，每自行调练，有养至四五头者，富室大族，则聘鸟师养之，谓之把势。当（去声）年之鹊雕，艺不能不进，但为初步教练而已。老练之鹊雕，多经年所，有养至十数年者，闻其打弹时之转盘，每一年增加一圈，故老到之鹊雕最为可贵。演技之鸟，大抵在阴历九十月，过此以往，则不复演之。平日以华美雕花之木棒架之，及鸟脱毛时则须入笼。脱毛时之饲养法，尤为困难，非有专门技能者，不敢轻言笼鸟。以羽毛换齐后，较之鸟在山林自脱者，尤为光泽，始为得之。

次于鹊雕之技鸟，厥为锡嘴。锡嘴之为状，头部绛褐色，背灰褐色，翼及尾绛褐色，而间黑白羽。腹部灰白色，爪粉红色，嘴银蜡色。大体与鹊雕相仿，但体质较鹊雕小三分之一，尾短，毛色亦不同，是其异也。新捕得者，野性特大，能以嘴咬人手指，殊疼痛。第一步去其野性，减轻其体重，俟与主人稔，始调教之。能衔二丸，但不能飞圈。能钻高作回旋舞，是其特长。

燕雀体小，作黄黑斑，如虎皮。飞行之度至迅，亦用以衔丸。斯鸟有绝技，谓之转塔鸟。人托鸟于掌，鞠躬而抛第一丸，鸟飞而衔之。斯时鸟人立，鸟则衔第一丸自踵圈绕鸟人，贴身而飞，至顶为止。然后再抛第二丸，鸟仰衔之，仍落掌上。技至此，殊不易，全赖人之调练。

七

交嘴，有红黄两色，属于鹦鹉类，性质温良，易驯，嘴及爪皆刚劲有力，且嘴尖交叉能毁物，故名交嘴。此鸟不能衔丸，于是利其交叉之嘴，使之拾铜钱，开箱子，遂成最有趣之游戏。交嘴之初步教练，先使之与主人驯习，在鸟架上，飞落自在。先使之拾钱为戏，抛钱于地，交嘴飞而取之。如此练习，以后见钱即取。有小儿畜交嘴，用以偷卖豆腐者之钱，交嘴口衔爪取，一度能偷四五枚。然偷后仍还之，不过用以为笑而已。

拾钱之技既成，则教以拾小物事，如刀、枪、剑、戟、面具、旗伞之类。鸟既能取，则收此诸小物事于小箱内。箱内有弹簧，箱外亦有小合页，如大箱之加锁处，合页之交处，用一铜铁钉横绾之。此钉如被取去，则箱内弹簧自启，箱盖大张，小玩具一一俱在，以备交嘴拾取。初次交嘴开箱时，在机关处，置一小麻子，交嘴思食此美物，用其嘴尖往取麻子，不图有钉隔之，乃思去此钉，食物必可得，乃竟去其钉，不意箱盖大张，中藏习拾之物。交嘴见而大喜，一一拾送主人，冀得美饵。自此之后，交嘴遂自启其箱，然论置箱何处，或远或高，或悬树上，交嘴皆能飞而取之，至箱中之物罄始已。余儿时尝畜黄色之交嘴，开箱之技，至为娴熟。凡余所至，彼恒随之，至今思之，恍如目前。呜呼！一切生物，莫不有爱，灵警聪明，尤不可思议。杀生以恣口腹之欲，不仁甚矣。

呼不喇不知其本名，畜之者呼此鸟曰呼不喇，余亦因命之曰呼不喇。此鸟肉食，具善恶两性。鸣叫之声，亦殊可悦耳，此善的方面也。能捕小雀，裂而食之，此恶的方面也。惟畜此鸟者，每使之捕家雀以为戏，可谓助桀为虐矣。

此鸟虽小，颇有鹰隼之性。有一种山呼不喇，头背绛褐色，腹部之毛其纹如鹰，则尤精警而猛鸷，鸣声亦殊可闻。若头部灰色、背紫色、腹苍白色者，谓之三式，尤贵。

八

呼不喇捕雀时，殊为可笑。主人见树上有雀，甚跳叫，斯时也放其呼不喇，由密枝处，渐渐飞上树之中部，且飞且鸣，其鸣声即作雀声。雀以为同类，不为意。有喜交际者，竟来与呼不喇作寒暄，欲一显其交际手段。呼不喇则亦虚与委蛇。迨逼近言欢时，呼不喇乘雀不意，进而抱之。雀知不佳，欲脱不能，则扬声悲鸣。呼不喇不之顾，抱雀飞滚而下，献生于主人。主人得雀，入布袋中。余雀大抵惊飞，则往他树更觅之。

以上所述之鸟类，皆至大茶馆中所常见者。鸟以外尚有昆虫，如蝈蝈、油葫芦，本为夏季之鸣虫，有虫学家，畜虫卵于温室中孵化之，则碧绿之蝈蝈、漆黑之油葫芦，于是夺造化之功，不时而生，因以利市百倍。养虫之器，曰葫芦，以旧者为佳，样式既美，雕镂亦工，并有犀象之饰，一器有值数百金者。购畜者大抵既有闲而又有钱，纳器于怀，购香片一包，至大茶馆中，与虫友会饮于南窗之下，出其器，启其蒙子，使阳光照虫。虫得光，活气加倍，须摇摇而体蠕蠕。少焉鼓翅而鸣，闻者心为陶醉，不啻钧天法乐也。于是互品其虫，互评其器，语多神秘，非外行所能知也。

蟋蟀为斗虫，乐此者尤为敝精殚神，多耗金钱。秋八九月，则有斗虫之会，虫之消息市场，亦多在大茶馆中讲之。

上述之闲人，为大茶馆常年之顾客。有此主顾，大茶馆即足以维持其营业，何况当差应役，各级之人，日须就食于大茶馆者，指不胜屈。如天汇轩特大之茶饭馆，千万人之食，咄嗟可办。最奇者，客人点茶，同时数十品，堂倌依次高声传于灶上，不移时菜来，向无错误。此等神技，亦惟大茶馆中有之，惜乎已成过去，后来者不复能精此道。

九

天汇轩的东家是谁？我实在不知道。不过有一段故事，是我在小的时候听说的。如今不妨把它记下来。

在没有天汇轩的时候，有一个堂倌，在一家大茶馆内当佣工。他的为人，既勤俭又诚实，所以掌柜的很倚重他，教他担任招待后堂主顾。后堂的主顾，多一半是体面人。有一天，有个老头儿，想是乡下财主，进城来有事。完了事，便在这一家茶馆来吃茶点，自然就到后堂去了。堂倌见是位老者，伺候的十分周到。饮食完毕，才不过几百钱。老者由怀中取出钱来，拣了一张两吊钱的票子，向堂倌说："我看你倒很殷勤的，就把这张给你吧。不用找钱啦!"堂倌接钱在手，谢了又谢，并且说："我们当堂倌的，以和气为本，和气才能发财。你老人家别忙，喝两碗再走吧。"说着又给老人换了一壶茶，便伺候别位主顾去了。老头又喝了一碗茶，便自去了。那堂倌还在别桌忙，一见便说："你老走吗？不送。"随着便喊了下去"会过了"。待一会，他到老头桌上去收拾茶具，谁知老头的钱夹忘在那里了。他想着老头一定去远，等他回头来找时再说吧。当下便把那个钱夹一点没动的，交在柜上说："这是一位客人落下的，等他回来时再给他吧。"掌柜的也就原样不动地给收起来。谁知一连数日不见有人来找，大家差不多把这件事都忘了。过了一个多月，那老头才来，依然坐在原处。先喝茶，后吃东西，始终没提此事。堂倌因为来回跑，也没想起此事。等到后堂茶饭座渐渐清楚了，那老头和堂倌说闲话，才提到此事，因为老者只记得丢了钱夹，已记不得丢在何处了。

十

因问堂倌说："在一个月以前，我在这里吃点心。回家之后，不知钱夹落在那里了。你看见了没有？"堂倌见说，忙道："不错。你老的钱夹子是落在这里了。那日你老走后，我来收拾壶碗，只见你老的钱夹在桌上放着，知是忘记了，本想追还你老，但是那时你老已然走远了，所以我就给你老存在柜上了。我给您取去。"说着便给老人取钱夹去了。在老人想着，这钱夹一定无望了，因为日子已有一个多月，不过姑且问一问而已。不想这诚实堂倌，依然替我保存着，这样的人也就太难得了。此时那堂倌已然把老人的钱夹取来，笑容可掬地交给老人说："你老看看是这个不是？原物交回，纹丝没动。"老人一见，喜出望外，说："正是这个东西。你真可谓拾金不昧了。"堂倌说："你老夸奖。反正被我看见的东西，万不会丢的。我若看不见，那可就不敢保了。再说我们这宗买卖，以人缘为本，得人缘比什么都要紧。"老人说："你在这里佣工，每月挣多少钱？"堂倌说："工钱有限，不过几吊钱，全仗分几个零钱。"老人说："你家里人口也不少吧？"堂倌说："有母亲和老婆孩子，全仗我一个人，我又没房子没地的，指着身子吃饭而已。"老人说：

“这宗买卖你大概很明白的。到底赚钱不赚钱?”堂倌说:“那有不赚钱的买卖，就在人怎样作。我就吃亏没有资本。我若有钱，四九城的大茶馆，我都能把他们迈过去。”老人说:“开一个比较可观的大茶馆，得多少钱?”堂倌说:“也得两三万两银子。几千两也能凑合一个。”老人说:“我看你这人很有点意思。心术既正，还有买卖知识。我成全你。明儿你就给我领东，南北城无论什么地方，你去找房子。只管放大胆子去做，我兑明了一个银号，你自己支钱用。”

十一

在有常识的人，忽然听了这样的话，勿论谁，也不能信。堂倌此时也以老人所说的话迹近笑谈，因道:“我谢谢您!我那有那么大的造化呢。您别跟我开玩笑。”老者见说，庄色道:“你以为我跟你开玩笑吗?我先把这钱夹子给你，你就放心了。你先看看，这钱夹子里面有多少钱?”堂倌到了此时，又起了一种异样的心理，以为这个老头一定有点疯病。他这钱夹子里面，顶多有几十吊钱票，就教我领东开买卖。一位老者，也不便得罪他。于是把钱夹接过，随手打开一看。呀!里面四大恒的银票，伍六两一张的足有十几张，约莫也有八九千两银子。

当下他知道老人不是寻常之辈了，忙道："老爷子您到底是谁？打算干什么？"老人说："你放心了！实对你说，我自己有几个糟钱，没处去花。不如成全了你吧！"当下他二人草草立下一个合同。从此那堂倌无意中遇到这样一个财东，果然物色一个大地方，开设天汇轩大茶馆。这是一段传说的笑话。可惜谈者语焉不详，记者也姑妄记之，听者自可姑妄听之便了。

天汇轩是在地安门外面。一出地安门，路东，走不远，便是天汇轩。它不但是北京首屈一指的大茶馆，也可以说是数一的大茶馆了。庚子以前，它的买卖依然是隆盛的。到了庚子年，义和团老爷，高举仇教灭洋之帜，又加以政治内幕，有帝党后党之争，守旧派生作蛮来，卒致八国联军攻入北京，正阳门烧失了不算，地安门也起火了，那天汇轩是密迩地安门的，同时也化为乌有了。因为房子太多，地方太大，无力恢复。这北平惟一古典的营业，便从此绝迹，徒留名号而已。庚子以后，国家维新，地安门一带，在光绪宣统之际，曾一度达于繁盛之极点，便有人在天汇轩的旧址，开了一个地安商场。但是首都商业，是因为首都而才能繁盛的。六百年的北京，其繁荣盛旺，不是商人之功，乃是政治之力。如今政治之力，既不在北京，那北京惟有预备作沙漠而已了。

老北京地安门的夜景

十二

前面已然说过了，北京的大茶馆，式式和组织，都是差不多一样的。当中是门，门之两旁是窗户，窗台上都安着朱红栏杆。门前有装安牌坊式之冲天招牌者，他们的字号，便镶在这招牌当中。这冲天招牌，又谓之幌杆。茶酒点心等等的木制布制的幌子，便悬在这大幌杆上。门之两旁，适当之处另有其他牌匾，无非是应时小卖、四季糕点之类。大茶馆又名二荤铺，所谓二荤铺，与其他饭庄饭馆不同，虽然猪羊鸡鸭等肉皆有，但是向来不做整桌的席面。无论多少人到大茶馆去吃饭，一切茶饭，都是现要，并且物美价廉，至极随便。自从辛亥以后，北京受了革命影响，失了政治上的能力，这种收容大量食客的茶饭馆，首先受其影响，相继荒闭，无一幸存。即在南城有一二类似大茶馆之二荤铺依然继续营业，也因为局面小的关系，勉强支持而已。

次于大茶馆在北京算是古老营业的，当然要说到黄酒馆。这种黄酒馆，多半是山东人所经营的。五十年前，北京城里关外，都有黄酒馆，局面并不大，而非常雅洁。他们所卖的黄酒，是用黄米做的，大约就是山东的瓮头春，有甜味、苦味两种，甜的叫老甘蘸，苦的叫苦青。他们专门卖酒，不带饭菜，无非略备下酒之物，如卤花生、五香栗子、五香蚕豆、木樨枣之属。酒客饮酒既足，若想吃饭，可以外叫。他们量酒，以半碗为单位。虽曰半碗，实则倒在酒碗里，依然是满碗。客人呼酒，他们把酒先倾入一个锡制的筛酒器内，在热水锅内给烫热，然后再倒在客人的酒碗内。大酒家，喝起来没完，二三十个半碗，不算什么。一个半碗，虽说半斤，准有六两多重。

十三

黄酒馆的营业，在光绪中叶左右，已然渐渐衰落了。这个中原因，是不得而知的。大约不外嗜好之变迁，和经济的变动。先是城外村镇，每每有一二家黄酒馆，为好饮家酬酢之处，后来不知怎的，都不见了。海甸市上，反倒开设了两个大茶馆，一曰裕盛，一曰万兴（这两家现在也没有了）。城里的黄酒馆，也是逐日减少。今日硕果仅存的，一是西四牌楼迤北的柳泉居，一是正阳门外煤市桥的百景楼，但是这两家当初都是纯粹的黄酒馆，近来可都变样了。柳泉居当初买卖很好，酒座很多，现在已然不招待酒座，变成一个造酒的作坊了。他们把酒造好了，卖给各饭馆，或是喝惯了的用户。你要想在他铺子里喝，他就婉言谢绝。至于他们为什么把酒座全行谢绝，其中也有不得已之苦衷。大凡北京著名的酒饭馆，都有常用的顾客，柳泉居的顾客，熟识主顾尤多，所以家家都是记账的习惯，三节还钱。但是柳泉居是个酒馆，并不卖饭，可是主顾喝酒之后，一定要吃饭，必得外叫，也有没有好菜不能喝酒的，自然也要外叫几个菜。这外叫的饭菜，如果由顾客付现，自然没有问题。如果顾客是熟人，说一声写上吧，不但酒钱不曾付现，连外叫的饭菜都得柳泉居垫付。在好年头，固然荒账很少。在这样的年头，荒账是很多的，假如竟是酒债，赔的还少一点，可是柳泉居的账，有时垫付的反倒比酒债多几倍，未免就大赔多了，所以他们改变方针，把酒座一律谢绝了。酒幌子依然挂着，可是门虽设而常关了。前年我在北京忽然想喝苦青，便邀了一二酒友，特意到柳泉居去，不想竟被他们拒绝，没法子在别的饭馆，教伙家买了十斤来，算解了馋。这宗情形，便是在这时候听说的。

十四

百景楼，当初也是黄酒馆，后来因为黄酒馆渐形式微，它们也就改变方针，与普通饭馆，取了一致行动。这也因为它们的店址，适在煤市桥，改作普通饭馆，那是事半功倍的。诚以此街，本来是饭馆街，而况它们又有它们的老字号。柳泉居所以闭关自守，不致改良，也因为地点关系。可见同一性质之营业，得地利者，到底容易发达。于柳泉、百景，可以见之矣。

现在的百景楼，不但返老还童，改革旧惯，而且大维其新，招聘了许多少艾的女招待，每日卜昼卜夜，招待客人。当初虽云百景，实无一景可观。今则粉白黛绿，姹紫嫣红，却有花可看了。所以好酒及色者，每每趋之

百景楼饭馆

若鹜。语云：“挨金似金，挨玉似玉。”百景楼的主顾，本来以善饮者居大半，而该楼女侍者，亦多善饮。记得友人华甫君，招饮于此，预戒女侍，严布酒阵，是夕予几被灌醉，同席者多半扶醉而归。

有类于黄酒馆之白酒馆则曰酒缸，亦曰酒店。北京的高粱酒，早年即有官酒私酒之分。官酒是已然领有票照，官许贩卖者。私酒自然未经官许，乃游侠亡命者流，私自运贩，为是从中渔利。这种风气，直到现在，也是不能禁绝的。但是官酒虽贵，成色却是靠的住，私酒未免就瑕瑜互见了。酒缸酒店，所卖之酒，尤为醇正，所以好饮的人，不但到酒缸上去打酒，还想在缸上喝。因为每天喝酒的不在少处，于是便形成一种变相的酒馆。那些卖熟食的，也就和酒店主人，连成一气，组织了一个极有趣味的互助生意。除了酒和花生等四色小菜外，其余的熟食，都是由各小贩分担着卖。比如一位酒客，喝酒五碗，吃了一碟酱肉，两碗爆肚，十五个饺子，算账的时候，酒缸收酒钱，卖肉的收肉钱，卖爆肚的收爆肚钱，卖饺子的收饺子钱。一切小柜零钱，概行免除。客人吃饱喝足，给了钱一走，十分简便，也是十分有趣。

十五

上述的酒缸，南北城皆有，最多的地方，要以前门大街为第一。自天桥迤北，经营此等酒店者，比户而居。在饮食店中而带有村野意味者，酒缸是不能落选的。

前门大街桥南路东，有一家酒馆，字号都一处，又俗呼醉葫芦，亦是一家古老的营业，专卖山西汾酒，酒具皆锡制，古拙异常，以地利关系，现其营业仍极隆盛。

老年的北京，山西买卖很多，惟饭馆极稀少。自三年前，晋阎势力侵入北京，山西饭馆忽然大增。于此可见，不第国际市场，须以武力为后盾，中国本身，也是

乾隆题写的都一处牌匾

时常有此现象，惟挟势而来者，每每随势而去。自晋阎退北京，山西饭馆，莫不门前冷落稀，相继荒闭。惟都一处毫不介意，则以其多年自力之经营，根深蒂固，与投机一时者，自不可同日而语也。

如前所述之大茶馆，买卖可谓大矣，收容之量，可谓多矣，但不能谓之正式之饭店。正式之饭店，有饭庄、饭馆之分，饭庄必有相当之局面，不能因陋就简，饭馆则可大可小，不妨因陋就简者也。

饭馆必在闹市，而饭庄必有宽大房屋，亭台花木，在所必需，最低限度，亦须装备戏台，且其营业性质，偏重喜寿，大院落、大厅堂，为其营业之必须工具，否则不能收容大量来宾，万难争胜矣。

饭庄之字号，必曰某某堂，东西南北城，所在多有。什刹海南岸之宗显堂，最有草木楼台之胜。荷花盛开之夏季，柳拂楼头，莲开牖下，饮花雕，嚼冰藕，尤有游目骋怀之佳致。不幸久已荒闭，殊可惋惜。什刹海北岸之会贤堂，今尚存，夏季营业尤佳。以什刹海每届夏季，有临时市场之设，谓之荷花市场，如沈阳之万泉河焉。上流游客，每往会贤聚饮，以故其营业季节，亦是夏季的最高纪录。

十六

现在的饭庄，以西单牌楼的聚贤堂最为发达。它的佳处，多半由于天时地利，至于肴核的烹调，也不见怎样高明。

一个地方，不能说没有盛衰的机运。从前的西单牌楼，也是北京一个繁盛之区，辛亥以后，就渐渐衰落了。自从新华门开通之后，宣武门大街，便受了一个大威胁。出城进城的人，多取道于新华门，宣武门反倒至极冷落，因而西单一带的商号，也就大受影响，后来因为电车通过西长安街，由西单南北行，所以西四西单，渐有起色，西单商场也成功了，遥与东安市场取对立之形胜。以故西单商业，逐日发达，加以官私学校，多在西城，尤使西单转了佳运。这聚贤堂是密迩西单的，所以受惠不少。它的营业，差不多是专门承办喜寿等事。每月里总有几个好日子。每逢好日，必有嫁娶，所以聚贤堂的门前，常是彩旗飞舞，车马云屯。乱年嫁娶多，于聚贤堂可以见之。

早年的北京，如家宅宽绰，或薄有资产者，每有庆吊，多在自宅搭棚举办，非家宅狭窄万不得已者，不到饭庄去。现在风气已变，礼俗趋简，虽富室大族，亦多在饭庄办事，第一免去搭棚装设等费，第二主人不必操心，自要有提调一人，指挥饭庄仆役，一切无不应手。如礼寿堂之陈设，戏台之铺排，皆有定格，无不庄严灿烂。事完之后，算账回家，简便异常，以此之故，饭庄营业，尚称景气。

饭馆之局面，自不如饭庄局面之宏大，然亦有应酬红事者，但不能唱戏，所以终逊饭庄一筹。惟饭馆营业，注重烹调，应时小卖，有极佳者，如西四之同和居、观音寺之福兴居、煤市桥之泰丰楼、煤街之致美斋、致美楼、东华门外之东昇楼、隆福寺之福全馆，再出城如肉市之全聚德、正阳楼等，各有专长，乃北京老饕所熟知者。豫菜则有厚德福，蜀菜则有瑞记，闽菜则有忠信堂，粤菜则有东亚春，他如新丰楼、丰泽园、玉华台等新兴之饭馆，莫不争妍斗胜，讲究烹调。回教馆如王广福斜街之元兴堂、李铁拐斜街之两益轩与同和轩、东安市场之东来顺、西长安街之西来顺，以及馅饼周等，皆妇孺所知，殊为兴旺。

十七

北京乃饮食之区，无论中外人，到了北京之后，也许有什么不方便的事，惟独饮食上，绝对没有什么不方便的。因为北京的饭馆，中西俱备，南北皆全，最是恰合实际生活的，通上中下之阶级，都有吃饭的地方，并且不必勉强迁就。瞪着眼睛花冤枉钱的事，在北京绝其是没有的。以奉天而论，这勉强迁就的事就不能免，即如我辈措大，本无多金，而口腹之欲，又不能与劳工朋友相提并论。固然幽默哩、陶醉哩等等，灵肉一致的生活，在我们是无从享受的，而肉山酒海、鬓影钗光的豪华生活，在我们更无须，也是不必企的。但是我们偶与二三知友，谈文论书的时候，有一人提倡咱们到街上喝几呋在面前，自要说咱们到某家去吧，也就解决了。即或有不以为然的，而相当的地方有的是，万不至有什么勉强。在奉天就要不成，也无非到常去的一个地方算了。所吃的东西，就不必计较。假如这里面有一位生朋友，或是平日生活比较宽裕，地点问题，因而就发生了。平常小饭馆里，简直找不到一个合式的，没法子，不是南市场，就是西站，不是公记，就是鹿鸣春了。二三知友，偶尔便酌，何必到这样很贵的馆子去？一个人无故花三块多钱，太没有意识。但是你不到这里来，就有屈尊的，到这里。又有以为不必的，而又不能不迁就。北京的饮食界里，决不会有这样的毛病。我们花钱很少得趣反多的地方，不一而足。这样的舒适而快乐的食道，除了北京，在别的地方，实在不易享受。

十八

北京的饭馆，不讲究无谓的装饰，适可而止，向来没有踵事增华之习。饭庄子多半是旧式家屋，自然一切装饰也是旧式的，譬如一通九间的厅堂，必有隔扇分作单间。隔扇心子必有书画，但是名人的很少。四五个人到庄子去吃饭，自然一个单间就够了。人多了，他们把隔扇去掉，便成了极宽敞的厅堂。墙上也有堂幅对联，案上也有钟瓶陈设，不过好的太少。但是什刹海的会贤堂，有儒二爷（溥儒字心畬）墨笔山水两幅，篇幅虽不大，而笔势格局苍秀异常。一幅颇似大痴，而雄浑之气过之。一幅简单已极，有云林之长，而出以奇异格局，意境至为深远。余每至会贤堂，必择此室。有先据者，宁久待之。会贤堂生意之佳，此二画与有力焉。

东单牌楼有一家回教人所开之西餐馆，它的字号我忘了，大概是福和吧。菜和装饰，不愧一个洁字。

会贤堂饭庄

时人书画，实在不少，有余叔岩写的兰亭，最为识者所称赏。总而言之，北京饭店，无论大小，没有一家以装饰卖钱的，毋宁维持旧样，以示字号之古老。惟独煤市街南头新开之丰泽园，窃名御苑园名，已为僭越，而门窗庭柱，又油以朱红色，亦何取乎？本来他的地方不甚大，局面狭小，又饰以朱红，黯然褪色，阴气凛然，不但不美，反益形其丑，人之不学，遂一至于此乎？

中南海公园中有丰泽园，园中有颐年堂，通体楠木所造，玲珑剔透，古气盎然，乃建筑物中无价至宝。

他处饭馆，显分阶级。上级人所乐就者，中下即不敢问津。中下人所乐就者，上级人又不屑就。北京则不然。一家饭馆，每每能容上中下三级人，而中下人所乐就之处，上级人亦乐就之，如东安市场之东来顺，即为最显著者。提起东来顺，这里有个笑话，因为它的买卖太赚钱了，就有人嫉妒它，竟自说它的闲话。它的字号“东来顺”本是因着东安市场而起的，不想就有人说：“东来顺是为满洲国祝福的，就如同紫气东来一样。”所以又开了一个“西来顺”以镇之。但是援此例彼，西来之意又何说呢？笑话笑话。

大戏和杂要

一

关于“饮食”一门，所说的话未免太烦琐了，理应作一结束。其实北京的饮食店，若由专门家作一个有系统的研究，准能写成一部好书，无奈记者对于饮食店，向来没有何等研究，只不过信手漫书，毫无条理，读者勿事苛求，把它当作闲话漫谈便了。如今我另换一个题目，给大家醒神，自当我是说书的，说的好不好，倒是另一问题。一个人镇日无事，求官不能，求事没有，生活再有些拮据，这人一定就要牢骚生病，倒不如凡事看开，设法消闲解闷，倒是自全之道。如今我想把北京的戏馆子，以及一般演艺的事情，说一说，或者能给大家解了不少愁闷。

北京的老规矩，城里头是不许开设戏园的。所谓城里，是正阳、崇文、宣武三门以内，皆曰城里。凡是经营戏园的，自然就趋重前三门外了。

北京最老的戏园，是正阳门外肉市的广和楼。听说是前明查楼的旧址。查楼是查姓所开设的一个戏园，在明朝便很有名，所以后来开戏园的，冲天招牌上，总要挂着四面红色招牌，写着某园茶字样。这“茶”字就是“查”字同音异字。听老人说查楼二字的匾额，在乾嘉以后还有，后来因为失火，便烧失了。现在的广和楼，是不是查楼旧样，可没人能知了。不过在物质文明大行其道的时代，广和楼一点新的色彩也没染上，那总算是个硕果了。

中轴线的北端，鼓楼在前，钟楼在后，两楼各自的围墙内很整洁，鼓楼西大街和东大街细辨可见，这是20世纪上半叶留下的航拍照片，钟鼓楼地区一片平房的面貌让今人看了心中一惊。

在《都门纪略》里面，有庆和园，如今也没有了。它的地址在观音寺，据说现在的庆和祥绸缎店，便是庆和茶园的旧址。

阜成门外有阜成园。我小的时候，这个园子还天天有戏，如今也徒留其名，圮毁多年了。

宣统时代，新政具有规模。新的建设，也是接踵而起。城内不许开设戏园的老规矩，也被打破了。

二

西单、西四、地安门外、鼓楼大街，以及东安市场等地，皆有戏园之建设。民国以来，北方佳运，日蹙月促，北京首被其祸，一切遂不如初。城内戏园，相继歇业。今日惟有吉祥茶园，在东安市场内，仅能敷衍。哈尔飞在西单，遥与相对。城内戏园，仅此两家而已。反之如电影院，则城内多于城外，与戏园适成反比例。今将现存各园列记于下：

城内　吉祥茶园，东安市场。哈尔飞戏院，西单旧刑部街奉天会馆。真光影院，东华门外。光陆影院，东单迤北大街。平安影院，东长安街。中央影院，西长安街。中天影院，西单绒线胡同。哈佩影院，西单大街。

城外　广和楼，肉市。华乐园，鲜鱼口。中和园，粮食店。三庆园，大栅栏。庆乐园，同。同乐园，同。广德楼，同。第一舞台，骡马市大街。文明茶园，西珠市口。开明戏院，同。广兴茶园，崇外东茶仓胡同。大观楼影院，大栅栏。

这不过是随忆随笔，遗落自然不免的，但是由此看来，城内和城外的戏园影院，是怎样一个比较，也可以想见了。

三

向年北京各戏园，不出详细戏报，其照壁上，只悬一牌，书明“本园自某日至某日，演唱某班，风雨无阻”等字样而已，非如今日戏名角名，大书红笺，满壁皆是也。一个戏班，在一个园子里演唱，皆有定期。期满之后，则转入他园，故一期为一转，规矩极严，莫不遵守。是以名班名角，不能为一园所垄断，轮流演唱，利益均沾，绝无角逐竞争之弊。听戏者，想听某班某角之戏，在转期内，可以自行选择，惟无戏报，不能预知演唱何戏。于是遂有一种特殊流氓，专门以报告戏目为生，或在街上，或在烟楼饭馆，手报黄纸戏条，逐一报告，谓某园今天某角演何戏，某园今夕某角演何戏，甚至几点上场，现在场上正演何戏，皆以足恭之态度、委婉之言词，一一报告。其老于斯道者，兼执厮役，或令其购物，或令其跑腿传言，皆能委曲如人意。宋元小说中所谓帮闲，大抵即为此类人物。饭毕之后，给予数百文，彼即满意而去。甚有引客入戏园，代为开路者，骄矜之色，不可向迩。则一刹那间，彼又为豪奴矣。

旧俗，妇女非堂会不得出入戏园，而戏园亦无卖女座者，以为有碍于善良风俗，悬为厉禁也。宣统年间，此禁遂开，然犹分座，另有女席，今则混然杂座矣。惟广和楼一仍旧贯，不第不卖女座，其照壁上仍悬有转牌。惟现在各园已无转可言，彼牌所示，无非常年由富连成科班在此演唱而已。富连成者，为北京首屈一指之科班，初名喜连成，乃吉林富绅牛子厚委刘春喜所以创办者，后归沈秀水氏。其经理叶春善，一手经营，遂有今日。

富连成在广和楼的演出

四

富连成计自初创以至今日，已三十余年，前后出科者，有喜字辈、连字辈、富字辈、盛字辈，现在为世字辈。在科学生，常不下三百余人，所造戏界人才，不可胜数。每日白天在广和楼常年演唱，戏佳而价廉，顾客至为拥挤。夜戏则在华乐及哈尔飞各园出演，行头刀杖等器具，焕然夺目，而价格亦视白天为高矣。

皮黄戏虽发源于湖北，经安徽而入北京，可是现在的湖北，只有汉调，皮黄反倒成了北京的特产。这个原因，乃是皮黄入京之后，经过了京朝艺术家的订正洗刷，焕然改观，不复湖广之旧面了。即以声调而论，专用湖北音，不但不是皮黄，并且也不是汉调，非驴非马，岂不贻笑大方？所以皮黄的音韵，湖北音虽然存在，可是必须以中州韵出之。最有关系的口齿，又必须北京口。略带他处乡音，便觉纰缪刺耳。字音上既有严格的讲究，而北京人的口齿，最是接近此道的，所以京朝派便成了皮黄的正统。无论某省人，欲要学习皮黄，先得变成北京口，否则一定不能成功。假如我们由小处留意，凡遇到戏班里人，你问他是什么地方的人，也许说是某府某县的，可是他的口音，绝对是北京口。如果他的口音仍有乡音，那他一定是梆子班的，或者是场面上的人。他如果是真正唱皮黄的，他的口音必定是北京口，那是无疑的事，百试不爽的。

北京口既与皮黄有这样密切关系，于是皮黄一道，差不多成了北京人的特长，也成了北京人的特嗜。不但戏馆子多，学戏的人也是年多一年，科班便是顺应这个趋势而产生的戏剧学府。

以前的小荣春、小吉祥，都造就过不少的人才。杨小楼便是小荣春的高才生。现在只有富连成，已有三十多年的历史了。与富连成同时的，尚有李济良所创的三乐、田际云所创的崇雅（女科班）和俞振庭所创的斌庆社，一时都有相当的人才，可惜都不能延长，相继停办。无怪富连成自夸为全国惟一之大科班了。

富连成社旧址，位于虎坊桥东路北，本是纪晓岚故居；社名题写蔡元培

五

创办科班，和创立学校一样，是不能赚钱的。若以赚钱为目的，不但没钱可赚，反有暗累之虞。必须积之以岁月，任之以毅力，不屈不挠，始克有成。迨其成功，然后始有利益可言。李济良之三乐，本不以营利为目的，无非大爷高乐，所费虽多，办理不善，是以万难持久。三五年间，消费十六万元之巨款。所幸者，四大名旦之尚小云，即出身于三乐，不能说没有收获了。崇雅社全部女生。民国二年，北京始见女伶，田际云意在投机，遂创斯社，未几其子雨农夭折，际云之经济又大感困难，遂告停办，人才毫无，只不过为坤伶界造就了若干底包而已。俞振庭之斌庆社，亦以财力不给，有始无终。然名旦徐碧云，实该科之高才生也。至若富连成，自创办以来，即有殷实富绅，为之广济财力。自经理以下，皆伶界名宿。技艺与营业，分道扬镳，各尽其职。久而久之，经济既能独立，而艺事亦不受经济影响。三十年来，有进无退，人才之多，非他班所能颉颃。其戏价收入，已能敷其经常费用。后来科班所以不能与之竞争，岂仅人才，经济方面，亦无其收入也。故今后如无特别情形，富连成科班，万不能动摇。

富连成之学生，多半为内行子弟，自力不足以教育之，则送入科班，立有契约。至远者除文武剧艺外，亦稍稍教以读书识字。饮食起居，皆取严格。当初科班，于公共卫生，不甚注意。今则卫生知识，视前为有进步矣。

六

聪明子弟，半年后即能登台。若其扮相唱做，具有天才，则一年后即有叫座能力。但是不问该生于班中有如何利益，非至十二年期满，不能支给薪俸。满科后，解除契约，即为自由之一艺员，他班即有邀之者，或应外埠之聘。如自以经验不足，仍在本班演唱者，则给予微薄之薪俸。其有扮相欠佳、喉音欠妥，自知不能竞争者，则留班充当教员，以教新生。故人家子弟之入科班，无异于入储蓄会，不但储户希望得特奖，即储蓄会之执事，亦希望储户得特奖。储户得奖，固有莫大之利益，即会中亦因之叨光非浅。譬如一家子弟，一年后既已大红，顾曲家趋之若鹜，此家便可谓之得大奖矣，欢喜之情，将无以复加。同时科班方面，亦以有如此天才，收入为之骤增。虽其利益为科班所独占，然而满科之后，即可一跃为名角，不知有若干之收入。至于平平常常者，亦不至赔本，将来卒业，衣食可以无忧。故吾谓子弟之入科，其情无异于打储蓄会，所不同者无须会费而已。

今日所谓四大名旦，除尚小云外，皆非正式科班出身。至其学戏之动机，亦无异于贫人之上储蓄会，希望特奖，不言而喻。所幸者，四子皆具天才，故相继获特奖，使人家子弟，大有恨不十年学戏之感。

京剧四大名旦

北京旧日有所谓相公堂子者，无非风流人物雅集之所，招收少艾伶人子弟，教以戏剧，旁及书画吟咏。梅兰芳即云和堂朱氏之弟子，而附学于富连成。民国以来，大露头角，直至今日，荣膺博士头衔，其名誉在中国任何政治家、外交家、军事家以上，亦云奇矣。

北京于正式科班以外，又有老伶名工，于自宅收授子弟，教以自己所能之戏，署券大抵十二年。在此十二年中，学徒家属，不得过问，一听师傅任意施为，是曰投师。子弟如有天才，则为其师者，利用十二年之合同，便可一生吃着不尽。

七

程砚秋，幼以家贫，无力受教育，又见梅兰芳等席丰履厚，非措大所能望其项背，遂立志学戏，署券于名旦荣蝶仙，一鸣惊人，遂见知于樊樊山、罗瘿公诸名士，为之脱籍，转拜于梅氏之门，品遂高矣。据云，砚秋为英煦斋相国和之后，瘿公据其家所藏图书印章，曾为证明，确否虽不可知，至其为满族为女真遗种，则不必讳也。考吾女真人，自古以来，以弓矢雄长东北，其间圣

程砚秋与罗瘿公（前右），李释戡，萧云亭（后右）合影

君良相，名将英雄，不可屈指数。金之末叶，乃有章宗，酷好音律，长白黑水之毓灵，渐渐钟于文秀矣。爱新觉罗代之，山灵之气，又复钟于英雄豪杰，故能一统中原，雄强刚劲之风，振于寰宇，为古来所未有。乃其末叶，山灵之气又不钟于英雄，乃与江南之风冶为一炉。美人名士，间有所闻；歌人伶工，尤不可胜数。如程砚秋者，固其最著者也。呜呼！造化者，后台之彩房也；大地者，戏场之舞台也。文也，武也，强也，弱也，盛也，衰也，一凭造化，岂人力所能挽救哉！

尚小云者，汉军旗人，传为平南王尚可喜之裔，不可考矣。幼孤，与弟富霞署券于三乐科班。班主李济良，宦官李莲英之侄也，雄于财，爱小云如子。小云色冠于一时，及小云出科，三乐正如冀北之群空，遂不复支，而中辍焉。

荀慧生初名白牡丹，幼署券于老伶庞启发，习秦腔，其事迹详于拙著小说《北京》，兹不复赘。兹四子者，幼以贫故，至于署券质身，茹百艰，尝万苦，而有今日。人但见其肥马轻裘，出入梨园，俨然贵胄，其幼年之遭际，有不忍言者矣。虽天地之所钟毓，苟无人事，以锻练之，亦不能有所成就也。

故青年人，生当今日，立志与择术，断不可忽无四子之才，而学四子之事，是自该也。

尚小云戏照

荀慧生戏照

八

戏剧虽为北京人之先天的嗜好，但是社会环境，也不能无关。这事入民国以来，尤为显著。在清朝时代，虽在末叶，纪纲尚未坠地，伶人一级，不入四民，是以良家子弟，间有玩票者。至于公然下海，以伶为业，则戚友立即与之断绝关系，不与通庆吊。如著名小生德珺如，本穆相之孙，以世荫不难取青紫，顾乃不为，投身梨园，颇滋物议，其女不能议婚名门，嫁于谭氏（谭鑫培之子小培）。票友玉鼎臣，女伶富竹友之父也，家亦无人与为婚，至竹友抑郁死。如彼二子，非迫饥寒，得已不已。故社会制裁，颇不为恕，可见虽清末犹重清议也。民国以来，一切坠坏，虽云撤废阶级，实则纪纲扫地，淫靡偷惰之风，骎以盛矣。向之伶人，虽供奉内廷者，仅足温饱，无能富且贵也。民国以来，如梅兰芳辈，殖产百万，勿论矣。且谥以美号，几一跃而为民国总统。后起之程砚秋、荀慧生、尚小云辈，亦皆富贵不可言。致使良家子弟，不务正业，多入梨园，藉欲享富贵，出入骄人。官公大学，皆许戏剧科，托言戏术，而正业益荒。如李石曾，囊橐既饱则恣情晏安，既接近伶人，以娱暮景，复创设戏剧学校，扇扬敝风。诚以襄季之世，人以为是者，大抵皆无益于国家，而有害于公众者也。新兴朝气之国，当不若是。

娱乐无非于业余之暇，公退之后，藉资排遣而已。今之北平，几以娱乐为正业矣。国之不竞，岂无因哉！记者于学生时代，每逢休沐，则与同窗知友，挟书册至郊外，或于林木，或于古刹，既读且游。虽有影园戏院，不敢入也。偶尔至戏场，则惴惴惧焉，恐大人先生之目指，为有玷于学风也。今之学生，于郝来坞之历史，津津而谈，而于爱狄生之事迹，或有不知者焉。呜呼岂不惑哉！

九

贫民子弟，迫于生计，署券质身，投入科班，原非得已。至若一般良家子弟，不问贫富，不问资质，舍其正业，坠入伶籍，此则不可为训。推原其故，无分觊觎幸运，冀侥幸成功，期与梅程并驾，殊不知彼一时此一时，后起之辈，大抵成功者少，失败者多，尤以女伶为甚。有力者尚可勉强扎撑，或竟知难而退。其不能悬崖勒马者，则惟坠落，溷迹淫窟。彼以先觉自命者，不察结果，乃复创为学校，别置学科，托名研究艺术，无异饮鸩自甘。诚以今日形势，所谓艺术，不第非中国之急务，其他后进之国，亦当暂避而远之，实事求是，尚不足比踪欧美，淫靡奢侈，岂不益速其亡？良家子弟不务实学，事模拟梅程荀尚，真可谓亡无日矣。

都会之人，自与乡人异。乡人于春秋佳日，尚知演戏酬神，或于豆棚瓜架之下，演唱皮人影戏。矧在都会，其不能不事娱乐，正如不能不事衣食。且圣人设教，礼乐并重，无乐之民，固不足以言文明。虽然乐此不疲，流连忘返，则溺矣。小而风俗，大而国运，胥将受其影响。旧日北京，戏园林立，及考其顾客，以商人居十之八，次则有钱有闲阶级。至若一般居民，风俗淳朴，有一生不敢出南城者。尔时八旗人士，于公退之暇，自有一种娱乐机关，则八角鼓是也。聚若干同好，推有财力者为领袖，俗曰把头。京俗谓拜盟曰拜把子，聚若干人，作一事，亦曰一把。把头之义，即一把之领头也。早年之八角鼓，词多雅驯，故斯文有才华者，亦乐为之。其大要有岔曲、单弦、大鼓等，后乃加彩唱之小戏。最有名誉之票房，一切皆出自把头。人家有喜庆事，具红帖躬往邀之。届期，全员衣冠齐楚至主人家，茶水壶盏皆自备，不费主人一文。桌凳、乐器、明灯，由自带之夫役安设之。开场时，先由一滑稽家，以引笑之口吻，赞扬主人之庆事，然后将其票员，一一向来宾介绍。既而开场，弦乐清雅，歌词温文，犹有盛世元音之意。入夜始散。主人但请安致谢，别以红纸封钱两吊，赏其担笼之夫役而已。

梅兰芳表演《拾玉镯》

十

北京的初期八角鼓票房，大抵是这样的。他们真称得起“耗财买脸”四个字。在他们以为子弟票是最尊贵的，也是最清高的，处处要和营业艺人分别的清清楚楚。他们桌面上所铺设的猩红氈子，那就是清高而有地位的表现。在他们想着，自要把红氈子铺上，那就表明了不是营业，所以初期的票友，当真自重自爱，甚至滴水不扰。进茶，茶壶茶碗以及茶叶等都是自带。虽然未免有些矫情，而能够自立严岸，保持着子弟的清名，亦可想见了。后来在光绪中叶，票房大多了，而且也有营业了。票友的品类，未免就不大齐全了。在单弦牌子曲里面，有一套滑稽玩艺儿，名曰《娄兰泰请局》，把子弟老哥儿们，可糟踏的不成样子了。这篇玩艺儿，我还记得几句，一开篇数唱说：

> 众位鸦静，细听我言。有一人名叫娄兰泰，人過于能言，不问谁家有事没事，不求他就管。他有个朋友，姓蒋名豇豆，为人太板。有一天老哥儿俩在街上遇见了，娄兰泰说：“老没见啦！咱们喝会子再散，天气还不晚。”蒋爷说：“不行，出月阿格成

家，我得到碓房里借钱。”娄兰泰说：“何不请一当子子弟玩艺儿？咱们热闹一天。”蒋爷说：“算了吧。第一地方狭窄，第二我的人情有限。再说子弟们的规矩，我又不懂，生恐丢人撇脸。”娄兰泰说：“无妨。四九城的子弟老哥儿们，我没有不认识的，给他们一张红帖，管保跳跳钻钻。”蒋爷说：“你爱请就请，我是一概不管。”娄兰泰说：“全交给我啦！管保您增光露脸……”

十一

这一段数唱，无非说明娄兰泰怎样好事，不求就管的脾气，写了一个活脱活现。以后他便替蒋爷去请局，笑话百出，把票友拿糖活现的丑态，形容得不亦乐乎。可惜我不能背诵了。实在后期的票友，在行止上，未免太不讲究了。谁家有事，请他们去走局，足吃足喝，横挑鼻子竖挑眼，不正经唱玩艺儿，随便打哈哈，那就不用问了。在局会的头两天，那位把头老爷，可就为大了难了。本来一个票房，是希望有人请的。若是没有人过问，那就未免名誉攸关，所以当把头的人，老是一团热心，维持他们的票房，就好像中了魔一般。又好像上了鸦片烟瘾，大有欲罢不能之势。那些票友，也真能抓住他的弱点，教他不能不玩。比如其家有事，大红帖子恭恭敬敬地来请他们，在把头高兴极了，大家也都很踊跃的一致通过，没有什么困难。谁知期间快到了，那个说“明天的局我得告假”，这个说“明天的局我去不了”，把头自然得问“为什么呢”，那个说：“我没有衣裳，我的洋绉大褂当了，没钱赎。”那个说：“我的孩子闹病，没钱吃药，已然够我受的了。偏巧又有局，我只得把衣裳当了，先给孩子吃药要紧。”偏是说这样话的，都是票中台柱子，他们不去，本票的名誉未免就要大受影响。没法子，把头得拿钱，赶紧给他们赎当，究竟他们的衣裳当了没当，那就不可知了。

到了有事人家，好席好酒，好茶叶（现在还得有大烟），先得给他们预备的足足的，否则他们在台上就能讥诮你。《娄兰泰》一篇中，形容他们的吃法，那真比蝗虫还厉害。

《娄兰泰》一篇，决其不是初期票友的创作，虽然在我小的时候，就有了这篇东西，总是因为票德堕落以后，才出现了这样反动文字。至若现在的票友，不但是吃穿，连使黑钱的都有了。所谓票友，久已夫觚不觚了。

十二

北京的票友，也真多。社会上有什么样的技艺，即能产生什么样的票友。昆高秦腔皮黄等正式大戏，固然都有很著名的票友，便是什不闲、莲花落以及戏法平词，都有票友。时不常的帮帮场子，出来玩一玩，但是真正内行，总是看不起票友，给他们起了个诨名，唤作羊毛。也不知是何取义，大约羊毛能赶氈子，也无非是糟糕之义。话虽如此，票友里面也真有文武不挡、六场通头、为内行所不及的，如同侗厚斋、陈子芳、包丹庭、章小山、全燕平、胡子言等，不但是票界名人，恐怕求之内行，也是不可多得的。何况已故及现存的名伶中，出身于票友者，不可以数计，如同德珺如、许荫棠、龚云甫，乍一下海时，戏报上都写作德处、许处、龚处。所谓某处者，即言其曾为票友，处而不名，以示尊敬之意。又如老双处、老乡亲之称谓，也是标明曾为票友的意思。又如刘鸿升、金秀山、张毓庭、德建堂、韦久峰等名人，均为票友出身。再往前说，张二奎、卢胜奎，都是与大老板程长庚同时的人，也都是票友出身，且有功名，他们肚子里的墨水，和汪笑侬不差往来，可见票友下海，并不是后来的事情，在早年已然有此风了。恐怕此风在元朝便很盛，元之大都，即现在的北京，马致远、关汉卿等，都是大都人，他们不但能创作戏剧，而且也能通音律，粉墨登场。此等遗风，自然不会荡尽，势必传给后人。北京人所以喜好戏剧，那也是不为无因的。赵子昂多才多艺，不但善书画，恐怕于杂剧也能来几句，他曾说过："良家子弟所扮杂剧，谓之行家生活。娼优所扮，谓之戾家把戏。盖以杂剧出于鸿儒硕士、骚人墨客所作，皆良家也。彼娼优岂能办此？故关汉卿以为非是他当行本事，我家生活，他不过为奴隶之役，供笑献勤，以奉我辈耳。子弟所扮，是我一家风月"云云。

十三

又《太和正音谱》，亦载此论，小有出入，大体则同。可见元时，尚以子弟所扮者为行家，倡优所扮者为戾家。行家者，即出色当行。戾家者，谓其多谬戾也。自士大夫薄词曲而不为，于是所谓韵文，但有目治，而无耳治。所谓戏剧者也者，专门操之伶倌之手，不第词句舛讹，不可究诘，而音韵之道，亦谬戾百出，无能指正。反观元曲，无不出于通儒硕学。若关汉卿，作曲既多，且能自演。他如周德清，所作杂剧，虽不传，然其人颇晓音律，著有《中原音韵》，所谓评剧家之鼻祖也。

同光十三绝（年画）

是皆文人墨客，设非行家不可得也。当时名优，如花李郎辈，间有所作，不逮百之一。后之人既无剧才，又复囿于习俗，以为有关心术，故偶有为之，辄为士大夫所不齿。浸假久之，作曲之道，遂荡然无存，与小学训诂，同为绝学矣。

元人所作杂剧，虽间有不得主名者，然其文词雅驯，音律谨严，一望知为出于通人。明以后之作，除著名之传奇，其单行短剧，无论其为昆弋秦徽，几于全部不知作者之名。至其词句，大抵鄙俗，且辗转传抄，或口述笔录，往往戾谬百出，至不能读。而伶人转相口授，视同秘本，不肯示人。殊不知音存类似，原本无征，以讹传讹，将永无是处。然而此等无字碑之名角艺员，皆成行家，而票友反称羊毛矣。是则古今人见解之不同，艺术中心，有所变迁故也。

今之票友，所以被称为羊毛者，亦有故。一、腹无墨水，不肯向学，其于艺文知识，与伶人不相上下；二、半路出家，多无幼功，一旦登台，举动生硬；三、胆大心粗，轻于尝试，临时忘词，或倩人扶掖。是皆票友之通病，而无可改善者也。其实票友名宿，如侗厚斋包丹庭，其精勤研练，不敢忽懈，有非伶人所能及者。至若一般票友，则自恃聪明，轻心从事，及其失败，则曰：吾本来打哈哈也。故羊毛之谥，终古难洗。

十四

票友无论研究某一技术，多半和升平气象有些连带关系，最不及的，也无非出于好奇游戏之心。至若存心下海，欲为营利目的，那是晚近才有的事。当那国富民丰时候，票友终是票友，和作艺的生意人，决其不能冶为一炉。照前面所说的八角鼓，那不过是票友之一种。往广义里说，凡是不以营业为目的，而练习一种文武玩艺的，都是票友。就举各种以敬神为目的的伪皇会说吧，他们的组织，也和票房一样，自然以有钱的绅士尊为会头，在平常日子，聚在一定地方，练习他们的技艺。每年阴四月，正式走会，他们的目的地，是在京西妙峰山，山上有碧霞元君庙，各样的皇会，都到妙峰山朝顶进香，在碧霞娘娘面前，各显身手，虔诚献技，这才了却心愿。为什么管它们叫皇会呢？这里头也有一点掌故，只因每逢四月，慈禧皇太后必到颐和园驻跸，凡是到妙峰山的

慈禧扮观音像

会，又必须由颐和园经过。慈禧晚年，是很好热闹的，见有这样一起一起的会，她老人家便想看一看。谁知看了之后，她老人家很以为有趣，从此所有诸般赛神社会，未曾献神，先得供奉慈禧。作会的人，也以供奉这位活佛，较比其他偶像之佛，为有意识，于是争奇斗胜，都以供奉慈禧为荣，并且经过御览的会，得以使用黄旗。由此这些会，便叫做皇会了。八角鼓里面，有一篇滑稽玩艺儿，叫《大过会》，说的是一个人，看见什么会都想学，不过他胆子太小，无论哪一种会，他都看着有一点危险，到底一样也没学成。《大过会》所说的会，很多了，如今粗记几样：

第一是“开路”。什么叫开路了？就是耍叉。玩此会者，都是二三十岁的壮健小伙子。走会时，裤子很漂亮，可是得赤臂，为的是耍叉方便。三股钢叉，上嵌小钹，耍起来，哗啷山响，招数很多，以黑狗钻裆一招最为难学。开路会有一点字号，就是走会时，他们老在头前。

十五

“中幡”这个会，现在大概早不见了。用三丈多高的一根大竹竿子，尖端上悬着一面五色斑斓的吊幡，左右有丝绳，另有人执之，以防意外之倾倒。正角耍幡的人，不但力大，而且巧妙，把那样一架大幡，托在掌上，就

天桥艺人宝三耍中幡

如一根草茎。幡若是立起来，最忌倾倒。耍幡使出他的本领，真能使人咋舌。最难的是把幡抛起来，用鼻梁承之。若是没有工夫，他的鼻子就不用要了。还有一件难事，中幡行在中途，如遇障碍物，比如一道短垣，中幡不能倒着过去，必须先将中幡掷过，耍幡的人，随即飞越过垣，不等幡落，已然以手承接，所以力与巧，缺一就不能成功。

“太狮少狮”狮子会，在奉天也有，不过没有北京那样精彩。太狮的躯体，总有一丈多长，一黄一蓝，其皮毛皆绒制，项悬金铃，其声锵然。舞者二人，一在头，一在尾，蹲扑、跌、滚，一如真狮。太狮就怕过水，过了水就应当戏水。北京的狮子会，他们对于戏水的练习，是很有成绩的，因为慈禧看皇会，地点是在颐和园的东北犄角，起了个二层便殿，俗曰看会楼，虽在围墙内，登楼望之，则园外之景，一目了然。园外有河，河之北岸有庙，庙前临河有空场，是即演会之地。有一年大过会，狮子欲演戏水之技，不意一狮失足落水，另一狮亦一跃入河，于河中狂演浴狮之戏，而殊蒙不虞之誉。从此习太狮者，于戏水一法，乃不得不注意练习之。诚以一狮二人，一人在前，探身掬水为戏，一人在后，倒挂岸上，其姿态一如活狮，毫无破绽，此其所以为难。

少狮，一人扮一狮，犹太狮之子也。举动活泼，须有稚气，以攀援淘气见长。习此者，多为棚匠。

十六

“花钹挎鼓”，这是一个极古老的赛神社会，现在也不见了。旁的会多以成年人为之，独此会以幼童子扮演。神而有知，亦必乐此，因为聚四五十洁白无垢的童子，演唱种种活泼天真的曲艺，不但是人，神也应该嘉许的了。

这个会，为什么叫花钹挎鼓呢？童子数十人，皆穿

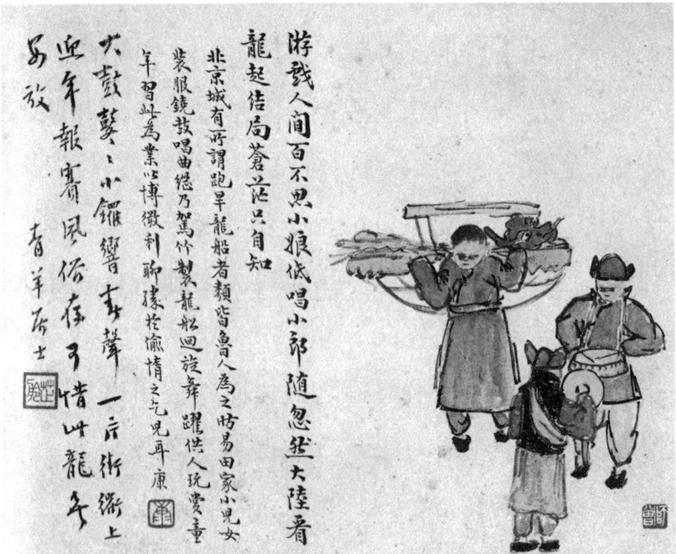

旱龙船（陈师曾绘）

采莲裤袄，戴刘海顶，左右手各执莲花般小铜钹一只（与普通执钹法不同，乃是以绳套在大指以外之四指上，以便扮演种种武技），掌合即响，其声悠扬有致。另有成人二三十人，每人挎大鼓一面，施以彩色，击之隆然。击鼓的人，但作一列，不作艺，以鼓为节，使与童子之钹相应。童子皆具好身手，乃自小练习者，但无单人之技，每一套皆四五十人合演之，如童子山、堆字之类，皆敏捷而灵活，有时以为群唱，以歌颂升平。演此者类皆乡间富厚子弟，大抵在学龄以前，一愈十岁，则不演矣。

“高跷秧歌”，关外之地秧歌，在北京则无之，且关外之秧歌，名存实亡，无能唱者。北京之秧歌，必上跷，尤须能唱，否则不能入皇会，人亦不重之。习秧歌者，真大苦事，身手不佳，万难臻上乘。其组织，一人作陀头，执响棒二，所止一听响棒，一班之司令官也。渔翁一人，樵子一人，此二角必须能唱，否则难应其选。俊鼓一人，丑鼓一人，所挎之鼓，即所谓秧歌鼓也。俊锣一人，丑锣一人，各执小锣，作渔婆装。傻公子一人，另一人作旦装，以为公子偶，俗呼作“老做子”，以斯角善做作，平地抓诨，博观众笑，犹大戏之花旦也。一童子，扮作小二哥，执花鞭花篮，则老做子之子也。做子每抓诨，必先呼曰：妈妈叫小二哥哪。小二哥必曰：妈妈叫二哥作什么呀。以下即是老做子之诨，皆临时现抓，聪明好玩之人，始克当之。一人扮作卖膏药者，缨帽青褂，执串铃，肩担背褡，云是做子之兄，小二哥之舅也。秧歌来源极远，无非歌丰年、庆升平之意。据云，以上诸人，皆亲属，特职业不同而已。唱有单唱、合唱，单唱渔樵二人任之，最美之唱，为渔樵问答。群唱，则有《渔家乐》等曲。总之，高跷之会，文武兼全，乃皇会中最有身份者，尤须有真传。高跷最怕遇狮子，狮子拦路而卧，不许高跷通过，是为有意难人。斯时小二哥若有真传，则以鞭鞭狮子，自头至尾，分其骨节腠理，每鞭一下，则歌一句，且作种种姿势。鞭毕合法，狮子贴然让路，否则此高跷会即为栽矣。然此事极少，必先有意见，而后始有此暗斗也。

十七

“五虎棍”，又名少林棍。此会以对打为能事。穿戏衣，画脸谱，一如大戏之武生、武老生、武二花之类。所扮故事，系赵宋太祖及其结拜兄弟创行江湖之事。《水浒传》所谓“一根杆棒等眉齐，打得四百余州皆姓赵”，即指此而言。会众分为两组，一组为场面，击锣鼓，一组为演员，各执檀木棍一支。起打时，火炽异常，如大戏之武戏焉。

“杠子”，今之学校运动器具中为不可缺者，特有中外之殊、木铁之分而已。今之文明杠子，横梁铁制。昔之野蛮杠子，横梁木制，尤以柳木为宜。木不宜太老，取一二年之幼龄柳树，择其干直而无结疤者，连根拔出（冬季为佳，他季不可），以火烧其根，令其精气内聚，然后干之，刮皮抛光，直径不满二寸，长约一丈，以布擦摩，如盘古玉。既成，晶莹如玉，可以鉴人，另以木架架之，即成杠子矣。习此者，皆具好身手。初学者，先于木凳上，练习大顶，抱矗，顺风旗，左右旋风，然后上杠。吾乡旧有此会，先君以予幼弱，及学龄犹不堪读，乃送予于杠子工房，锻炼身体，走会之事，亦时与之。先从伯为人骨鲠，尤不喜社会浮浪事，乃殊不以为然。见先君，大事呵责，谓及今宜绝之，否则吾不以汝为弟。先君唯唯听命，予遂不卒业而罢，专一向学矣。呜呼古人风范大率若此，今不可见矣。

杠子亦如前述之开路，所谓武不善作也。裤子鞋袜，漂亮异常，惟演技时，亦须赤臂，虽在御前，亦不以为忤也。走会时，杠子紧扎车上，一骡附之，使其高于人丛，以便观览也。

“双石头”市井之人，习此者至多。以木杠两端，各贯一石轮，分轻重大小，藉以增长筋力。能者可任千斤，仰卧案上，双足上伸，承大双石，两手又托较小者，更有多人纷乘石杠上，作一人山，力不止千斤矣。重心集于下一人之手足，苟力不给，则殆矣。是暴虎冯河之徒，缙绅先生难言之。

十八

上记诸色赛神之会，或文或武，虽与戏剧词曲不同，至其为纯粹票友，耗材买脸，则无不同也。且皆出于升平，人心安乐，可以想见。光绪末叶，票友下海者多，以至纯粹票友，殆不可见。加以革命以后，旗族生计，不复犹昔，怀才抱艺者，不能以穷票友自甘，登台售技，因以殖产者，不一而足。皮黄如言菊朋、金仲仁、卧云居士等，不可胜数。八角鼓先无营业者，且随缘乐一人，以单弦蜚声一时。若夫今之八角鼓者，殆皆票友出身，非艺人也。如已故之德寿山、广恩普，今之荣剑尘等，其代表也。

大鼓亦分子弟、江湖两派，梅花调为子弟派，京音及其他为江湖派，今则江湖派盛极一时，以刘宝全为领袖，而梅花调式微矣。

所谓杂耍，其目甚多，几于不可胜数。自广义言之，大戏以外之杂艺，皆杂耍也。而杂耍之名人，亦有不可胜记者。瞽者王玉峰，能以三弦作种种戏曲，以及中外音乐。伶人之著名者，彼能以弦模拟之，聆之酷肖。如谭鑫培之《卖马》等戏，人以喉拟之，且不似，此瞽者手挥三弦，其声乃神似。惜其人短命，后无能继者。盖奇人也。

语言流利清新，为北京人之特长，故平词说书，亦为绝技，名人不可胜数。以双厚坪为领袖，犹伶界之谭鑫培也。今不可见矣。

土地上之玩艺儿，亦有不可轻视者。土地即落地，言其不能上台，只于庙会中，布场引游人，随机应变，以售其技。前八怪，后八怪，皆此类也。前八怪，余不及见。后八怪中，余仅见“穷不怕”一人，然已八十余岁矣。穷不怕之作艺工具，破扫帚一，瓦片二，白沙袋一，破扇一。彼之绝技，在以白沙撒字，词皆自撰，别致异常。撒字之技，江湖上亦有能之者，惟穷不怕，字势飞舞，且能双钩，一系不乱。笤帚即用以扫地作字，字既成，屈一膝，左手执瓦片，磕之使响。右手执扇，拍股以为节，所歌皆滑稽可笑，虽有市井秽语，无不因时制宜。彼有时亦至人家唱曲，如应堂会，则词皆雅驯，绝无秽语矣。彼好鼻烟，烟壶累累，皆精品也。彼之弟子甚多，然无一能得其一体，遂无传人。实则彼技为天授，亦不能传人也。

“云里飞”，今尚健全，本为戏园之武行，复遂落地，携其二子，于庙会中以演戏为名，实则说相生也。以多秽语，不能登大雅之堂，然殊滑稽，差可大会，令人笑不可抑。后以讽刺三民主义，捉将官里去，备受荼毒，几不免。现已皓然老者，到处说《西游》，售糖块以娱小儿。小儿既得食糖，又听《西游》，多乐就之。虽不复当年意气，对于国事，能寓讥于幽默之中，意转深刻。游北京者，殆无不知有云里飞其人，亦风尘中之奇人也。

奇巧手工

一

虽在今日物质文明尖锐化之秋，北京的工业，依然是艺术的、人工的，对于机器的使用，虽不能说毫无，大部分仍是人力居多。至于美术的细工，则全部几于人力。中国古老的手艺，被机器威力所压倒，已然不少，尤其是容易吸收欧化的地方，手工自然要被淘汰。本来机器与手工，是不能两立的，而机器与艺术，更不能两立。艺术品是运用智慧，消费许多时间之后，始能造成一件物事。这件物事，姑且不用问它原料是什么，价值有多大，既经艺术家作成之后，我们对于此物，便不能不赏鉴，也不能不珍惜，因为这件物事里面，不知浸入了艺术家的多少心血，尤不知消费了多少年多少月的光阴，自然而然地使人兴起一种美好的神秘的幽默的感想，而连类的也就触及艺术家的崇拜，即或到不了崇拜的分际，对于制作者也要钦佩他，或是赞美他。因为艺术品实在有这样的魔力。于是它的价值，也就和普通商品不同。虽然物质的价值不值毫分，而艺术的价值，就无法估计了。如同《核舟记》一文所记的那个核舟，不过是一枚桃核，但是艺术家利用这个桃核，刻了一只船，船上有屋，门窗户壁皆全。屋中有人，作苏东坡和他的友人夜游赤壁之状。屋外有舟子，还有一童子，对炉吹火。固然这个核舟我们不曾赏鉴过，只凭那篇文章，我们已然觉得这件制作品，在小件美术品中，是绝无仅有的了。

桃核的性质，各有不同。大抵好吃的蜜桃，它的核倒没有用处，因为质性不坚，既大且粗，决其不任雕刻。倒是一种山核桃，既小且坚，雕刻家每每取作材料。桃核的制作品，我也看见不少，照《核舟记》所记的那样精品，却是不曾寓目。

二

总之，艺术的手工品，所以能受雅人的赏鉴，也就行为艺术家独运匠心，而又费了不少的时间，仅乃把这件物事作成，艺术的价值，因而提高，那也是势所必至。机器的制作品，是与手工完全不同的。手工里也有不足看作艺术品的，但是手工与艺术极为接近，好的手工，自然不失为艺术品，机器则不然，它简直是破坏艺术的。处在今日的手工艺术家，终不免被机器所压倒，至于不能自营其生，因为机器的目的，在于生产，尤在大量的生产，其次就是节省时间。手工艺者，一个钟头的制作，真是有限的很，可是机轮一动，在一点钟内，便能产生如山的物品，何况机器后面，又有富厚的资本家操纵一切，即使无意打倒手工，而手工到底不能立足，终必自毙。固然艺术是艺术，未尝不可与机器品分道扬镳，但是手工里面，也有好多制作日用品的，不一定是玩物，所以机器终成了手工业者之断头台。

北京虽在今日，机器工业，尚极幼稚，因此，有好多手工艺人，尚能保其残生。另一方面的关系，也因为北京的手工精致，而工资又不甚高，所以手工制作品，依然维持相当的地位。

北京的高等手工，以珐琅（即景泰蓝）、漆雕、雕钿等最为著名。景泰蓝的原料，是由山东博山等处所产，运至北京，再加以精细的制炼，用作涂料。景泰蓝的器皿，虽由人工造成，却是分工合作，一件器皿，并非成于一人，他们有画样的，有打胎的，有嵌丝的，有涂料的，有烧窑的，有磨光的，自出样至磨光，经过许多手续，才能成功。

三

景泰蓝，在明朝已然有很进步的技术了，但在技巧方面，现在的作品，反倒比明朝或乾隆时代的作品精细的多，这也是受了近代化学之赐。老景泰蓝的好处，涂料甚厚，花纹亦高雅，不过涂料制炼不精，时有眼孔。现在的景泰蓝，涂料虽薄，而质地紧密，嵌丝亦颇整齐细密。最大的作品，如屏风、像驮宝瓶、鱼缸、炉鼎之类。小的器皿，自瓶、盘、碗、盏，以及细小文玩，无不备具。光绪时代，最为盛行。输出各国者，亦占重要商品之一。自民国以来，贵族阶级，不复犹昔，而外人亦有厌于购求之势，于是景泰蓝业者，大受影响，今不过五六家而已。

雕漆亦古老手艺之一，宋时已有之，古玩店中所售者，大抵皆赝品，非真正古物。古时雕漆，存于今日，姑不问其花纹刀法，其朱红之漆色，必然光润鲜艳，温软如玉，毫无火气。伪制之品，色泽不佳，花纹亦极恶劣，转不如新制之品，尚有极精致者。

雕漆之法，先用木材作成器胎，然后刷漆一道，阴干，其凸凹再漆，依之度，以施漆之厚薄。如刻凸起人物，则有漆至寸许者。此寸许之漆，非一朝一夕可企，

景泰蓝手工艺品的点施珐琅

需时半年。漆干之后，画样雕刻，尤需岁月。故大件之物，有需时数年尚不能成功者，雕漆价昂非无故也。

雕漆大件之物，自屏风、桌椅，以至食盒什具，小件则文玩细巧之物，莫不具备，大抵皆售之皇室，以及中上贵族。此外则富商大贾，以及外国人，亦多喜购之。近则销路已失，业此者，不复立足，相继改业，所存无几。且习雕漆者，难得全材，有能出样，而不能雕刻者，或能刻而不能出样，甚且只能刷漆，而不能捉刀。此则分工之弊也。其不能就他业者，则自作小物事，售之骨董摊，恶劣不堪者，实由一人不能众长故也。其分工合作之品，大抵精美，价亦昂矣。

四

雕钿与雕漆虽然性质相同，却有极端不同之点。雕漆是单色，不过黑红两种而已。雕钿是复色，用种种不同的颜色，一层一层的雕镂，这是与雕漆完全不同之点。雕漆漆厚，雕钿漆薄，这也是一个显而易见的区别。

钿字不知何所取义。按钿字的本义，金华也。六书故“金华为饰，田田然，故曰钿”。唐明皇赠钿盒于杨贵妃，大约就是此种饰物。于是凡陷金于器者，皆得谓之钿。引申其义，后之以蚌壳镶嵌器皿者，亦曰螺钿。今之漆器中，固然有许多嵌蚌者，但北京之雕钿，却不嵌蚌，只以种种小刀，刻成花纹，而又有凸凹之层次，如镶嵌然。雕钿之义，大抵由斯。至其精细处，不让绘画，又非普螺钿所能及矣。

雕钿之法，亦如雕漆。先以木材，作成器胎，然后以漆漆之，依所绘之图案，布置颜色。如系黄地黑花，则先漆黄漆，俟干，再漆黑漆，将此黑漆面，雕成花纹，使其透出黄地，如嵌成者。是以极为雅饬，与绘画者完全不同。如欲颜色复杂，或绘故事人物，则其刷漆之层次，有至十数层者。层愈多，雕刻时亦极费手。此物之名贵，不减雕漆。自屏风、几案、床榻，以至什器兼备。

惟价昂，故受时局影响，雇主全失矣。今后此项手艺，恐将成广陵散。

绒毯，出于蒙古西藏者，品质优良，旧物多成无价之宝。乾隆时代，于北京制造者，今亦不可多得。惟此项手工，一脉相传。虽在今日，尚为北京名产之一，西人多喜购之，至有由欧美定制者。其普通之品，每年输出外洋者甚多，故其营业状况，较之上述三种，诚有天渊之别，不可同时语矣。至其所以如此繁昌之故，第一原料之使用，不感困难，第二工资廉，第三手艺精致，第四价廉物美，第五需要广，不限一隅，而又无机器品以压迫之，此其所以得势欤？

五

由景泰蓝至绒毯，虽然是比较重要一点的手工，可是它们有一共同之点，就是无一不利用绘画。景泰蓝的画，和瓷器差不多，仿古和时样全有，图案画也是不少。雕漆、雕钿图案画较多，界画尤在所必需，次则山水人物、花卉等等，应有尽有。绒毯的画稿，多半是图案画，不过有仿古趋新之分。仿古自然是摹仿乾隆时代的东西，趋新是把西洋流行的图案，稍加变更，而成了一种新的图案。

就此一点，我们又不能不犯牢骚了。中国直到如今，本来是没有工业可言。所谓工业也无非是传统的几件独特手工。人人都说中国瓷品好，但是现在如何？所谓好的时代，已然随着帝王成功而退了。帝王时代，不惜金钱，优待艺术家，所以才有那样好成绩，以后不但没人管，也没人提倡，再加以官匪和土匪的摧残，不但富国的工业，无法请求，便是人民祖父传来的手工，也岌岌乎殆哉！没有人肯注意一点。就拿上述几种手工说，多少能替中国维持一点面孔。但是这些手工艺者，无非是工人，既不是工大工专出身，也不是艺大艺专卒业，他们不过利用他们个人的智慧，祖父的遗法，执行他们的职务。在现在商工业极端竞争的战场上，他们是否有参战的能力和知识？虽然别一问题，究竟他们在那里扎挣着干。试问工大艺大卒业的学士们，在这些手工上，必需的绘画，又有什么贡献？又有什么援助？我常见东西各国工艺美术的人员，不时到中国来旅行，把中国所有工业美术上所应用的绘画，不是移写便是照相，编成图本，在工业品上逐层应用。反观中国，这样作的人，就太少了。学生入了美术学校，连石膏都不愿意画，何况图案！他们都要以未来派的先锋自命。所学的虽然是美术，要想求他们出一块毛毯图案，就要敬谢不敏，倒不如毛毯作坊里一个老工人来得。

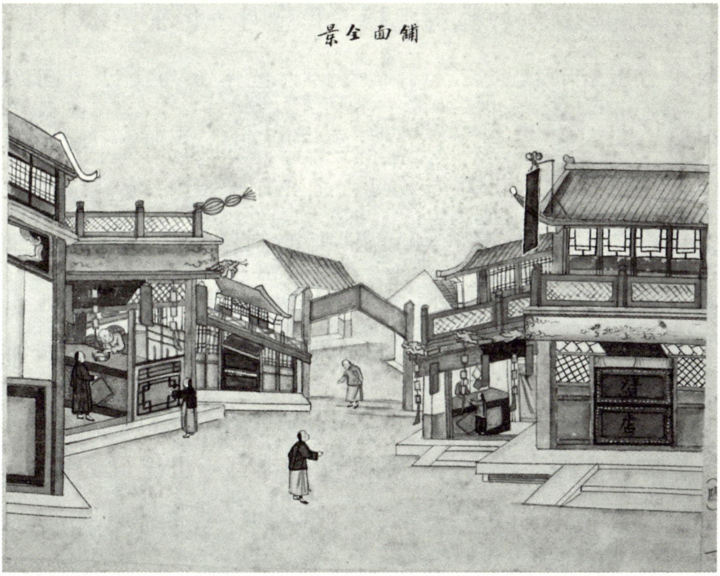

老北京铺面

六

中国艺术，有很显然的阶级，并有极端的秘密。所谓阶级，就是士人和匠人，永远分立着，始终不能融洽。除了匠人自知奋勉，仰攀上流，要想上流自动地对于匠人有什么样的援助，那是绝无的事。仇实父当初也是匠人，所以留名于后世，也就因为攀入士流之故。

守秘密，独门不传，在士流虽然没此种恶习，可是一般艺术家，确乎不拔的老守着这种思想。

如能把这两种弊害除掉，我想对于将来艺术工业，必定有很好的现象。在东西各国，艺术家与工匠，固然也有区别，但是艺术家不问直接间接，对于艺术工业，时常有所贡献。或用文字口舌，或用采集的材料，使工艺界得到不易得到的援助。他们的制作品，自然而然地就会有进步，而能战胜于国际市场。若是艺术家永远和工艺不发生关系，只凭工人师匠的有限知识，永久不知改善。为国家计，那真是不幸的事。

中国人原有不可思议的聪明，也有不可思议的秘法，如同最腐败的烟具，太古灯、寿州斗、张绊籤，听说都有秘法，绝不传人。尤以张绊的烟籤子，所烧的钢口，特别合适，永远不弯。可惜他有炼钢之法，不去制造有用之品，只以烟籤得名，这也可说是国家一个老大的不幸。我想对于真正有秘法的人，应由国家加以试验，保证专利，他也就不肯秘密了。大凡牢守秘密的人，都是为保护利益，不得已的下策，如果国家有信用，对于发明或意匠者，加以保护，俾得专利若干年，则秘法既传，而发明者也有了保障，造福于工艺界，驯至富强，全在政府如何奖励。漠不关心，必至衰落。因为一人一家之寿命，决其不如国家寿命之永久，是以秘法奇方，以及个人发明，必须公之于国，无所用其踌躇，而国家亦必须有法以处之，使人乐于效劳致力，斯可以名之曰国矣。

七

北京之手工，有类于画者，不一而足。如纱灯一门，则画工十之八，木工居十之二。当帝政时代，纱灯营业，至属发达，如宫灯之属，需要多多，钜室贵族之家，亦多以宫灯为点缀，其式样自正方以至八棱，亦有挂于壁上者，则其样式尤为雅饬，乌木灯框，雕镂至精，以绢为灯纱，绘以画山水人物花鸟，亦有绘画小说故事者。至宫内所用，则多黄色，绘以龙纹。灯下所垂之旌，皇室黄色，民间红色，或杂色。旧历正月十五，俗曰灯节，灯之畅销，尤在此时，至有供不应求。大部套灯，皆须预制，正月张之，以争奇斗胜。上自官公衙署、庵观寺院，下逮商号民宅，莫不张灯。灯之种类不一。至于纱灯，则大抵购从灯匠。宫灯式之方灯，则搭芦棚以悬之。屏灯则嵌于窗前，或张之廊下。以故事画为最多，或绘画全部小说，如《东周列国》《东西汉》《三国志》等演义，《封神》《西游》等神怪小说，形之绘画，尤为耐观。故每届灯节，几于空巷倾城，途为之塞。

兹可注意者，绘灯之人，皆非名人，在士大夫所认为画匠者也。顾其绘画，工细异常，虽著名之人物画家，不能过之。吾乡有关帝，余幼时，国家尚承平，每年正月，皆醵金张灯。正殿八扇屏灯，高皆丈许，绘全部《三国》，所绘人物，须眉生动，望之有神，且同一人物，面目如一，特有年龄之不同、服装之变易而已。足见其起稿时，煞费经营矣。“单刀赴会”一节，关公以目目周仓，叱其勿多言速备舟之神气，几于活跃纸上，而关公之凛凛神威，亦于二目传之。匠人有此，亦殊难能可贵矣。两庑有屏灯十六扇，所绘为楚汉战争故事，其人物之描写，以及设色背景等，皆古奥雅驯，可作人物画之蓝本。庭中松棚，则满悬纱灯，其画面为乡先辈喀荣斋所绘之《耕织图》，虽仿《御制耕织图》，而设色淡雅。惜经丧乱，此等绘画，久已不知流落何所，徒为魂梦所系而已。

文盛斋扇画店在卖纱灯

八

今之纱灯营业，远不如昔，所幸者有一新途径，使此古典的手工业者，一变而为摩登化之装饰商。此则时代使然。物质所需，而又益之以心灵手巧之趋时制作，此其营业转有翻新之形势。试过廊房二条，或东西两商场，凡装饰用之华美灯伞，皆旧日纱灯之翻新者也。此等灯伞，不仅本国人每乐购之，即欧美人亦大表欢迎。书斋客室，如无此项灯伞则未免相形见绌，为不善于装饰矣。

西方物质文明，利用之性质，每优美之意味少。电灯之发明，固不外于利用，初无装饰之心，后乃以电灯之泡，过于简单，不见美的表现，于是乃有花灯之制。然其材料，亦不外金属玻璃而已。惟东方人发明之程度，虽不如西人，至于装饰与享乐，则极尽能事，虽西人亦不能不靡然就之也。日本之提灯，于花前月下，柳岸池边，本有优雅之诗意。昔用蜡烛，今用电光，利用与艺术，混而为一，形成足资赏鉴之美景，较之纯粹电彩，雅俗之分，不可以道里计。中国高等家屋，回廊环抱，厅堂翼然，画栋雕梁，既其匠心，屋内装饰，尤为典雅。惟昔日蜡烛，荧然一豆，未免美中不足。自用电灯，则添趣无穷。利用其光，隐蔽其形，巧人制为种种灯伞，或径用昔日宫灯，而改良其装置，入其中别有天地，是亦利用物质，使东西调和，资其享受。故虽西人，亦神往而心碎矣。所可哀者，高等享乐，并不为大炮所轰失，而下层生活，则在受乱离之影响。天堂地狱，显然而分；豪富赤贫，悬殊太甚；饱死饿死，任君自谋；乐生恶生，不相闻问。此中国所以为中国也。

九

造花术，亦为北京重要手工之一。崇文门外花市，即为造花之最大市场，其附近居民，大抵以造花为业。造花之原料，为绫、绢、绒、纸、蜡、糊、通草、铜丝等等。高等造花，皆织绢所制，颜色鲜艳，式样庄严，类皆妇女化装所用。北京旧时装束，虽有旗汉之分，而汉装亦有天足缠足之分，大抵天足多，缠足少，约计缠足之数，不满十之一，是亦受旗装之影响，重以满汉结婚，故缠足之风，在北京殆不重视，非若他处妇女，以缠足为第二生命也。足既不缠，服装自异，旗人妇女，旗袍大头（俗谓两把头），冬则冠以貂冠，梳头，戴大花，冠则插小花于鬓。汉人之天足者，亦御旗袍，头式有苏州髻、喜鹊尾等式。缠足者，衫裙盘髻，俗曰十三盘。天足者，虽戴花，而不如旗装之丰艳，仅于髻边，插中形造花。缠足者，则不戴绫花、珠花外，时戴鲜花，如茉莉、白兰等。偶御造花，形式亦极细小。故北京造花，以天足妇女为极大主顾。

故宫宫女，（1910 年）卡彭特摄

旗装所需之花，为价至昂，有值一两以上者。新妇所御之排花，价尤昂矣。

旗装亦御珠花、翠花，其形式类皆丰艳。鲜花则以颜色鲜艳、形体特大者为贵。然不若造花之普通。诚以旧时旗风，尚浓妆艳抹，除孀不得为淡妆。造花之畅销，亦为是也。

造花亦属分工合作。花店主人，别雇揽头，持造花材料，分散附近民家，使其依式作成，约期来取，工资以件数为准。然民家分得之品，并非整形之花，不过花之一体，甚或不知作何用，如花瓣、花叶、花萼、花蕊、花枝、花簪、绒捻、丝捻、纸捻等等，皆分制，然后由匠人自由配合，攒成花朵，售之市上，分销各地，北迄口外，南达苏沪，其产生之地，则崇外花市也。故自昔以来，花市居民，以造花为业者，千数百家。以造花为副业者，尤不计也。

左祖右社——这是天安门右边的社稷坛。社，土地神；稷，五谷神。土地和粮食是立国之基。这座方形的社稷坛高约一米，坛上是著名的五色土，中为黄，东为青，南为红，西为白，北为黑。坛北拜殿，1925 年孙中山逝世后曾在此停灵，遂改为中山堂。

十

辛亥以后，国家动乱，加以风俗变易，趋向不同，向之浓施脂粉、花枝招展者，一变而为淡扫蛾眉之虢国夫人，再变而为断发掩项之陀头和尚，首饰弃躅，造花无用，是以此项手工业者，一时曾陷于绝境。幸乡间田舍，尚有些许需要，仅足维持生活。虽然失之此者，或可收之彼。城市之中，妇女之妆饰，虽不需要造花，而自有需要之处，为开一新途径。是即庆吊之家，所需造花是也。今日人家有喜庆，必赠来宾以花，使悬之前襟。新郎、新妇、主婚、证婚之人，亦皆佩花。动辄千数。富裕之人，皆绫制，再益以其他花饰，所费亦不赀矣。若为吊唁，亦以赠送花圈为时髦，此皆旧俗所无。盖新兴之礼俗也。需要既多，营业者亦日众，造花之店，视前有加，即为是也。

以上所述，大抵为使用或消费之品，其手工的技术，亦可概见一斑。至于文玩玩具，尤见手艺之灵巧。翠玉之雕琢，固全赖于手工，而料器之文玩，所需于手艺者，尤为显著。乾隆时有胡姓者，制料器最为有名，署曰古月轩。或曰古月轩为乾隆之轩名，则不可考矣。古月轩之料器，不尽有款，大抵晶莹如玉，刀法古朴者，皆古月轩，未可以无款而疑之。至于赝品，一望而知，虽有款不足据也。

古月轩之料器，皆细小玲珑之品。一烟壶有值千金者。此等料器，西人谓之玻璃，原产地为博山等处，经古月主人，精心制炼，再加以超群之艺术，遂成绝品。

料器有单色、套色之分。单色，花地一色，惟有凸雕之花纹。套色，即俗所谓套料，则地为一色，花纹又为一色。花纹以刀刻成，隆然凸起，古朴异常，使人爱不忍释。说者以为料不如瓷，吾则以为瓷非料比。玉为天成，料则全由人工，而能使之如玉之坚，有瓷之美。花纹颜色，在在可人，真艺术品之结晶，未可轻视也。

十一

料器所以如是温润晶莹，俨然如玉，人言其中有宝石，与普通之玻璃原料完全不同。按古月轩之料器，绝无完全透明者，可见宝石料之说，不为无因。至其若何配合，当然有秘法，后人仿制，松脆漂浮，与普通玻璃无异，至其颜色更不类矣。

料器不止雕花，亦有绘画者。以料质为地，别以五彩颜料绘成花鸟树石，其画法若瓷器中之堆料，而精细过之。然稍不谨，最易脱落，转不如雕花者之坚实耐玩也。

烟壶为雅玩之一，士大夫尤喜蓄之，内府收藏，几于不计其数，以为赏赐大臣之用。烟壶之品不一，料壶不过其中一种，以庆小山君收藏最富。又有一种料壶，透明如水晶，俗谓玻璃砖者，其质与此相同，净地无花，使巧匠绘图于壶之里面。此技尤奇绝，视核舟为更难矣。寸许之壶，其口不及豆大，不知如何运笔，竟能作成精美之画图？能此者颇不乏人，以周乐园最称绝技。余幼时，此类画壶，市上颇有售者，殆皆赝品。今并此赝品亦不可见矣。周之为人颇奇特，绘一壶，得值足一月费，则不复制。故其作品，流传有限。其画稿，人物花鸟俱

买鼻烟壶

备，以蝈蝈白菜，最为生动得神。赝品亦多仿此，另有一种伪品，预作画图，剪去纸地，以冰糖水粘画于壶之里面，乍观之亦犹手绘，审谛之则破绽毕呈，乃赝品中之最下者也。

儿童玩具，艺术品之筚路蓝缕也，未可以专供儿玩而轻之。故艺术家对于玩具之搜集，有毕生不能竟其业者。玩具中之图案花样，千姿万态，大抵出之自然，有非艺术家所能企者矣。至若极力求似，或利用近代文明，施之玩具，有资于智慧，固不可非，至于艺术则失之远矣。

十二

玩具中之人形，有泥制、布制之分。泥制之人形，神态极佳，以泥人张所制者最为出名。泥人张不知何许人，善捏泥人，人但曰泥人张呼之，其技巧虽雕塑家不能及之，所制人形，多取材于社会实况，于下层社会之生活，尤能刻画入微。以乞丐而论，泥人张常取为题材，制出种种人形，自一人以至数人，皆能传神阿睹。彼于袖中握泥一抟，欲为某人作像，目视其人，袖中则摸索为之，少时出示，即酷肖其人。近有邢某者，知玩具有关于教育，且为重要商品之一，集资创办玩具工场。泥人张遂被聘为该场工师，然其人已老态龙钟矣。

泥制人形，在北京几于不可偻计。自粗具人形，以至于传真戏齣，莫不有之，其价值亦因工之粗细至为不齐。自梅兰芳以古装戏鸣于时，泥人手艺者，争效其形，一齣至十数元。余则以为此等人形，既非儿童之恩物，又非雅人之文玩，陈之厅堂，俗气逼人，一无足取，转不如泥制脸谱，其佳者尚有研究价值。虽然，艺术的人形，仍以泥人张一派最为可取。次则儿童玩具中之粗制人形，意味深厚，古朴纯真，断非梅氏化妆，所能同日而语。然非有真正审美常识者不辨也。

布制人形，为小女孩之恩物，不能以形似论也。吾以为创为此项玩物者，在当时无教育家之目，然其教育常识，决不亚于今日之所谓教育家也。以白布裁作人形，缝之，中实谷糠，又以青布作而二髻，缀于头顶，然后粉其周身，顶青而颊红，眉弯而眼细。粗具人形，混然太璞，谓之为枕。又有四肢，谓之非枕，制与枕同。小女孩抱于怀中，百般抚爱，则人也。玩厌倦来，沈沈欲睡，枕于头下，则又枕也。体质丰满，而又轻柔无棱，决无伤害儿童之弊。制此者，真儿童之恩人也。然教育当局，不加奖励，社会人士，不能认识，转以铁制危险之品，以饷无知幼儿，谓此为腐败之物，其状可丑。噫！是真以恩为仇，不知报本者矣。

十三

人形之原料，固不限于泥与布。心灵手巧者，任取破碎物事，皆可造成可爱之玩具。陶侃使竹头木屑，皆能效用。有技巧者，亦犹是也。昔有二人，为莫逆交，薄具资产，而不事正业，花天酒地，流连忘返，以致家产荡然，无可告贷，至露宿古刹中。其一人不堪其苦，提议自杀。一人曰：“勿尔，吾囊中尚有一文钱。有此一文，断不致死。”遂出钱授乙曰：“子往粮店中购白面一文，吾自有计。”乙去，甲则于街头尘箱中，杂拾纸片、布屑、鸡毛、秸茎等弃物，携至庙中。乙亦购面至，谓此区区，讵能充饥？甲曰：“非为食也。吾将使之效大用。”于是调面，以所拾锅片，点火为糊，杂取纸片布屑鸡毛之属，糊为人形动物等玩具。一日之中，制作百数。次日，携之庙会，小儿争购，得钱足数日需。于是以为资本，购置剪刀等工具，其他原料，制为较比优美之人形，不数日税屋而居矣，又不数日开张店铺矣。从此尽复其产，称小康焉。语云：家有万贯，不如薄技随身。此之谓乎。人苟有志，不能不通一艺，游手好闲、席丰履厚之纨绔，不第非克家之子，直为社会赘疣。至于假借势力，横行恣肆之流，则又腐败空气之制造者，真不如一手艺人为可尊敬也。之二人者，能知废物利用之道，所造虽玩具，推而广之，讵不能为大发明？须知世界一切发明，其初阶，莫不始于废物利用。徒知消费，固无补于人群，而徒抱难达之鸿愿者，又岂有济？自卑登高，由近及远，斯为得矣。

人形中有所谓“兔儿爷”者，虽为玩具之一，与礼俗良风，颇有关系，未可视为迷信之举。他种人形，随时可见，惟兔爷八月中秋前，始上市，俗谓兔爷摊子。

十四

兔爷以泥纸为原料，其法出于雕塑。兔爷之装束，金甲锦袍，雉鸡豹尾，状至威肃。大者二三尺，小至二三寸，莫不有之。亦有效时装者，皆取材于人间俗事，是则人形之变态，非正式兔爷也。

月中神兔捣药事，传说已久。八月中秋，拜月祀神，遂为民间固定风俗。拜月而必以兔为神像，亦以兔为阴类，用为月之象征而已。至兔爷之装扮，金甲锦袍，则不知何所取义，大约中国所谓天神，多为金甲神，如戏剧中《安天会》之孙大圣，亦金甲锦袍，是其例也。使兔一变而为庄肃之容，亦恐人之轻视，不尊礼也。

俗有“男不拜月，女不祭灶”之说。男虽不拜，小儿辈则可拜之。中秋日，圆月当空，于院中设几案，供月神马（黄纸印刷），所谓兔爷者，亦陈于神前，供品为刍豆、月饼花果之属，燃二明烛，主妇拈香插炉中，三拜，子女亦随之而拜，其乐融融。祀毕礼成，则全家饮酒食果饼。丰年之况，承平之景，足使人心怡怡而安，融融而乐，恍如置身月中，绝无半丝忧患虑祸思想。盛世之民，真可羡也。

街头卖兔儿爷

吾以为承平不能自致，人心不能自安，必有以使之然者。上有圣君，下有贤相（变词而言良政府、贤总理亦可），大小吏员，莫不自好、自爱，所有言动、设施，一以福国利民为归。有假公济私、寅缘为奸利者，杀无赦；有不奉公守法、鱼肉小民者，杀无赦；有勾结奸党、垄断政权者，杀无赦；有贪墨欺法、卖官鬻爵者，杀无赦。务使政平讼理，人心舒畅，有歌颂而无诅咒，然后尽以国之收入，尽以施之国中，使产业日兴，人有所事，然后齐之以法治，浴之以礼教，则承平之象，可企而跻矣。若乃民不聊生，仰屋兴叹，则救死不暇，奚暇治礼仪哉！中国之坏，坏于党人及踞高位者，穷奢极欲，惟日不足，利则争先，害则居后，更纵牙爪、羽翼为祸国中。民力已尽，反责其奚不爱国；田宅荡然，犹促其连纳岁赋。诸如此类，无非驱之死地。民不甘死，则铤而走险、揭竿为盗，盖势所必至也。新兴满洲，标榜王道，经营乐土，天下引领而望。然其国中有无支那腐败亡国之旧贯，虽不可知，然而天下亿兆之心，冀其刷洗一新，重睹太平盛世，则固不掩之事实也。

十五

人形有麦制者，俗曰“捏粳米人”。粳米麦，和水，蒸熟，捣之，使软硬合度，然后加入颜料，使诸色俱备，作为材料，捏制人形。业此者谓之“捏粳米人的”，为北京古典营业之一。大抵蒸锅铺之手艺人，多擅此艺，亦有专门营此业者，背一黑油箱，一高脚凳于街头巷口，或市场庙会，安其箱，箱中贮以麦材及工具等，艺人踞座，取麦，先捏玫瑰芍药等鲜花，望之如生，围观者叹赏不绝，妇孺过之，必购一枝，小儿则欲购戏齣，于是艺人生意至矣。大人之好事者，亦有属其捏某种人物、某齣戏剧者，彼皆应命为之。麦制人形，较之泥制尤为坚实，调和得法者，经年不裂，得以永久保存。东安市场为玩具之渊薮，各色人形，取之不尽。有一老叟，以捏粳米人，得于市场中占一席地，盖有年矣。老人所制之麦人，不第精巧细腻，尤能传神阿睹，配色亦雅饬不俗，且其所制，多小型，罩以玻璃箱，携带亦甚便利矣。

人形亦有糖制者，俗谓冰糖人，状极臃肿，大小不一，设摊出售，今已不可见矣。是盖糖果之类，无关手艺，犹之吹糖人，渊源虽早，究不免为近代文化所淘汰而日形稀少矣。

北京为千年来之都会，自辽金以至我大清，相继卜居，人物之殷繁，文化之发展，盖有不期而然者。只以手工而论，千别万殊，不可殚述。虽穷数人之力，精心调查，亦不能无漏略也。兹再述一纯粹手工艺术，即风筝是也。

十六

风筝之为物，各国莫不有之，然专论玩物的风筝，则以余所见，无能超越北京者。而北京之风筝，又以琉璃厂所制者居第一，其他则瑕瑜互见，不能如是之精美准确。

风筝虽为玩具之一，然而科学与美术，莫不俱备，尤以科学居重要地位。吾尝见形式与画片极为美丽之风筝，至其能任风力与否，或是否能飞升，均为疑问。风筝第一条件必须易于高升，其次坚牢，能任风力，其次乃言及形式。

北京之风筝，无异样形式者，最普通者为沙燕，次哪吒，次蜈蚣，大别不外人形、鸟形、虫形而已。近乃有飞艇式。

他家沙燕皆肥，琉璃厂之沙燕独庾，大者寻丈，小者亦二三尺，其材料皆精选，无轻重不调之弊。大形者，

集市上的
风筝摊儿

组骨时，用坚实之整竹，然后张以高丽纸，绘以花纹，价值昂于他家，然颇耐用，且保证高升。故北京中上人家，其风筝皆购之琉璃厂。此世传之风筝专家，吾与之望衡而居者五六年，乃未一询其姓名，而琉璃厂之瘦沙雁，遂为其代名词矣。彼之店铺，小屋一间，适当土地祠之前方，关新华街时，幸不在路线，遂漏网。自旧正一月，厂甸开市，彼之作品，即出陈之。一春之营业，足资一年之需也。

风筝之高升，全在两翅，过肥则受风多，力有不任，非倒撞而下，即断线飞去。瘦则受风少，两脚细长，自下托之，故易于高升，矧其重轻得宜，无左右倾倚之虞，尤为合法也。

风筝之形可爱，风筝之理则不能变。蜈蚣多至数十节，每节左右必缀二翅，一以受风，一以调节平正，微此则不能上升，节少亦不能上升，受风不足故也。然蜈蚣等式，不过矜奇，放时殊费手续，转不如沙雁之大方简单也。

十七

养鸟养虫，北京人有独特之秘，吾于饮食店一门中，已约略及之。养鸟养虫，虽为特种技术，而不能加入手工内，但关于饲养虫鸟之工具，则属之专门手艺家。器具之精巧，有出人意表以外者，是则不可不记。

鸟笼为养鸟之必需工具，然亦有文野精粗之分。精工之品，有一笼至数金者，附属之品，尤为精致，如食罐水罐，式样不一，以官窑所制者最为名贵，凡瓷器中有何釉彩，食水罐亦莫不有之，霁红、霁蓝、鹦哥绿、苹果青、葡萄水、娃娃脸等，皆一道釉也。青花白地、青花加紫、素三彩、斗三彩、锦地开光，以至于软硬五彩，应有尽有，且极精工。早年为鸟迷所必需，故价值亦极昂。自鸟迷失势，此类器皿，以无所用之，曾一度弃置，后因瓷价大涨，此类玩物中，殊有佳品，外人多喜购之，于是遂与古瓷并论矣，佳者亦至不易得。余收有大形食罐一对，青花加紫，作鹅卵形，瓷胎之坚腻，釉色之温润，在普通瓷器中，殊不多见。如以细木为架，置之案头，可作水中丞，则未始无用也。

虫类中，如蝈蝈、油葫芦等，皆能使之冬生，盛以特制之葫芦。此葫芦亦有文野精粗之分，精工者价值数百金。葫芦虽为天产，加以人工，可以变其形质。当葫芦幼稚时，择其壮健者，预作种种木型，空其中，作图案花纹案，两片合束葫芦上，小心将护，使不伤葫芦之发育。殆其长成，有模型限之，其形象遂一如模型，然后取下，再加人工，镶以象牙子口，虬角蒙面，其器成矣。亦有于葫芦之面，烧针刻绘，烧纹如发，一丝不苟，山水人物，莫不有之，则尤绝技也。大抵葫芦之赏鉴，新者不如旧者，此盖不仅工之精粗所系，而新者火气盛，于虫之卫生，殊有碍也。

十八

葫芦之大者，为蝈蝈之住宅。其较小者，则油葫芦之寝室也。昔日衣尚宽大，且束以腰带，爱虫家，必入器于怀，以温暖之，暖则欢然而鸣。有怀四五器者，入茶肆，必择南窗，徐出其器，向阳以观其虫。同好者亦陆续出其器。先赏其器之制作，摩挲若不忍释，然后启盖，互评其虫，态度之安详，心神之怡悦，其乐陶陶，有非笔墨所能形容者，其南面王不易也。

鸟笼以隆福寺街所售者最为精良，葫芦则今日之东安市场犹有专门制售者，至于旧葫芦，则非于骨董店中物色之不可。

蟋蟀之饲养，由来已久，前朝竟有因之病民者，观《聊斋·促织》一篇，可以想见。中国于牲畜禽鸟虫鱼，皆有饲育之法，甚或以经名之，如相牛经、相马经、促织经，以及猫犬禽鸟，大抵有书，惜传世者甚少。惟兹篇之作，在说明其器具，故关于饲育之法，姑且从略焉。

蟋蟀虽为秋虫，但于盛夏时，即须往野外采捕，选其佳种，加以饲养，至秋，则体格健全，悍然敢斗，盖昆虫中之勇士也。采捕器具，有籤子、罩子、管子及布袋等。籤子者，为铁制枪头，粗大过之，插以木柄，用以攻虫穴。虫自穴出，则以罩罩之。罩为铁丝编制，形如筷笼，每捕一虫，则入竹筒中，塞之以草，名曰管子。袋则用以盛管以防纷失。若夜间捕虫，则须另备油浸纸捻，以代炬火。观虫斗虽为乐事，而捕虫则为极劳。佳种多在深山旷野，狐魅豺狼，固所时有，而蛇蝎毒螯之类，亦在所难免，故捕虫时必须结伙，为之尤须有胆，否则难致佳品。

十九

吾乡色子广将军，生平最喜蟋蟀。每夏，高起凉棚，除花木外，有朱红榻数十，满置蟋蟀之罐，累累然几不知其数。罐皆精品，温如润玉，所谓赵子玉者是也。赵子玉为制罐之名人，仿制者虽甚多，究不如真品之晶莹。罐虽泥制，淘汰配合，煞费手续。赵则有独得之秘，他人不得而知，故赵氏物故后，其法遂绝，无能为继。今日之蟋蟀家，欲购赵罐，非悬多金，百方物色不能得。此虽薄技，其遗品不亚哥汝诸窑。人生于世，岂可不精一技哉！

吾幼时，时见将军之门，有人为之送蟋蟀，遇佳种，将军赏赉殊优。将军有时亦自率仆从，往荒村野甸，采捕蟋蟀。一日携一仆，至野外觅蟋蟀，丛莽之中，鸣声不绝，方与其仆寻声觅穴，披蓁拂莽之际，忽见其仆四肢僵然，佝腰张口，涎沫下垂，已不能言语，将军知有异，趋视之，则一大虾蟆，眼巨如箕，踞仆脚下，以口吸之，仆遂僵直，不能动转，脱无人见，其人殆矣。将军遂遥以铁签刺蟆。移时，仆始复元。问之，则曰：正觅虫间，忽觉冷气森然，冲入脑中，遂不能语。将军遂携蟆归。得蟾苏甚多。后将军每诫小儿，非结伴不得往抢蟋蟀。

蟋蟀罐虽烧泥制成，然不得有丝毫火气。赵罐变泥性如玉质，火气全无，此其所以名贵一时。至其式样之高雅，琢盘之精细，犹余事也。新罐或市上瓦制者，不过以供儿戏，必不得已，非经多年水浸，或深埋地下，消其火气，始克取用，否则虫居其中，如在蒸笼，鬚属先落，波及肢腿，其虫死矣！是以欲养蟋蟀者，须先备罐，否则非以爱之，值是有意杀生而已。

二十

蟋蟀罐中之附属品，亦有可记者，即过垄、水食槽是也。之二者，皆澄泥所制。过垄如扇面形，中空有盖，而旁有穴孔，蟋蟀之寝室也。每日必加洗涤，以期清洁而保卫生。食水之槽，有方圆诸式，大如指头，以盛蟋蟀之食品饮料，如人之有器皿也。自罐以至附属品，皆精洁雅饬，陈列庭中，上有天棚，下有鱼缸，再佐以青葱之花木，不时泼之以水，主人仰卧藤椅中，口含雪茄，手摇蕉扇，以闻幽邃有韵之虫鸣，其乐盖不能以笔墨形之也。此虽有闲有钱阶级之乐事，亦即蟋蟀之天国。离乱丧家之民，其生命真不如一蟋蟀也。

蟋蟀罐及其附属品，皆澄泥制，在近代手工中，属之抟土科。惜赵子玉其人，一生精力，皆委之于蟋蟀罐，其他制作，绝不可见。如以此类材料，制为炉瓶等器具，亦必大有可观。顾赵虽不为，颇有集其思虑于是者。吾乡有老翁，以山中所产红泥，澄浆细捣，抟为种种器物，凡古铜器之式样，莫不精意模仿，然后自起小窑，以山柴烧炼，晶光黝然，颇似古铜。老人不以营业，烧成赠之戚友，亦犹嵇康之好锻冶，特藉以自娱而已。顾其制作绝佳，颇有求人物色者。城中匠人，遂窃相仿制，于是抟土器具，颇见流行。近年以来，业此者不下数十家，有仿古铜色者，有仿枯木色者，有仿云母石者，自瓶炉花盆，以及细小玩具，假山细景等，莫不有之。亦犹时大彬之于阳羡沙壶，末流遂衍多派。今日沙壶可谓多矣，然求一时壶，千金不易。北京抟土器皿虽多，而首创之初制品，竟不易见也。

骑射游猎

一

射为六艺之一。孔门弟子，身通六艺者，七十二人。射艺，不第习武，且用以备节文，壮威仪。故自古以来，即重斯技，名人自后羿、逢蒙、养由之属，不可胜数。惟后世君相，习于安乐，武事浸废，致成积弱，良可慨矣！至于田猎，渊源尤古，亦由重文轻武，至以田猎为荒嬉之举，大臣诚谏，于是皇帝徒成守卫宗庙之备员，不得自由行动矣。故汉唐以来，英雄之令主，殆如凤毛麟角，不可多见。清朝崛起白山黑水间，以弓矢定天下，英武圣人，接踵而起，武事因之一振。惟以承平日久，武备废弛，文治虽盛，而雄强之象不复犹昔，良可致叹！虽然，弓矢之制，虽至末叶，尤为保存，游猎之风，民间犹有可述。诚以清之盛世，自天子以至士卒，莫不精于骑射，至于田猎，则为国家大典之一，非以游嬉，实为习武也。《啸亭杂录》所载木兰行围制度一篇，可备掌故，兹为录之。

木兰在承德府北四百里，辽中京临潢府、兴州旧地也，素属翁牛特。康熙中，藩王进献，以为搜猎之所。其地毗连千里，林木葱郁，水草茂盛，故群兽聚以孳畜。仁庙每岁举行秋狝之典，历朝因之。行围时，蒙古、喀尔沁等诸藩部落，年例以一千二百五十人为虞卒，谓之为墙，以供合围之役。中设黄纛为中军，左右两翼以红、白二纛分标识之。两翼末，国语谓之乌图哩，各立蓝纛标识之，皆听中军节制。管围大臣，皆以王公大臣领之，而蒙古王、公、台吉等为副，两乌图哩，则各以巴图鲁侍卫三人率领驰行。

乾隆围猎聚餐图卷（郎世宁绘）

二

行围之制有二：一只以数百人分翼入山林，围而不合，谓之阿达密。合围之制，则于五鼓前，管围大臣，率领蒙古管围大臣及虞卒，并八旗劲旅，虎枪营士卒，各部落射生手，齐出营盘。视其围场山川大小远近，纡道绕出围场之后，或三十里、五十里，以及七八十里，齐至看城，则谓之乌图哩阿察密。合围后，自乌图哩虞卒，脱帽，以鞭擎之，高声传呼，玛尔噶口号。按玛尔噶者，蒙古语帽也。声传递至中军，凡三次。中军知围已合，乃拥纛徐行，左右指挥，以俟上，入围则辰末巳初时矣。合围数十里，渐促渐近，出林薄至岗阜，离驻跸行营约略二三里许，惟视高敞处，设黄幕，幄中设毡帐，是之谓看城。比至看城时，虞卒皆马并耳，人并肩。广场不过三里许耳，围墙外，自放围处即重设一层，乃虎枪营士卒，及诸部落射生手，专射自围内逸出之兽，而围内例不准射也。日出前，上自御营乘骑先至看城，稍憩，俟两翼乌图哩监围到后，乃自看城出，御櫜鞬，扈从大臣、侍卫及亲随射生手、虎枪手拥护，由中道直抵中军。在中军前半里许，周览围内形势，了如指掌，而行围之疾徐进止，口敕指挥，只二三十里间射飞逐走，左右是宜。诸藩部落、蒙古仰瞻圣武，莫不欢跃。或遇有虎，则围暂不行，俟上看殪虎毕，然后听敕而行。每围场收，至看城，上即驻马，惟观诸王、射生手等驰逐余兽而已。或值场内兽集过多，奉旨特开一面，以逸之，仍禁围外诸人不准逐射。猎罢，上迴跸大营，谓之散围。诸部落各按队归营，日甫晡，而一日行围之事奏毕矣。若哨鹿日，制与常日不同。上于五更放围之前，出营，侍卫及诸备差人等分为三队，约出营十余里，听旨停第三队；又四五里停第二队；又二三里将至哨鹿处，停第一队，而侍从及扈卫之臣，只十余骑而已。渐闻清角声，扬远林，呦呦低昂应和，倏听枪声一发，咸知神威命中矣。群引领听旨调遣，三队以次皆至上前。其行围所有奏章，皆俟上还营后披览发出，毫无遗滞。或有时引诸文士，赓唱终夕焉。

三

读此，当年皇帝行围制度，可以概见一斑。行围射猎，虽之较量骑射，演习武备，而鹰犬之属，在势亦所必需。鹰类为满洲之特产，自古以来，颇为名贵。辽时，女真人尚未强大，每年贡鹰于辽，后以鹰贡奇苛，金人不耐其烦，至金太祖阿骨打，遂与辽人开战，一战成功，于是满洲之鹰，遂为女真人专有之品。清金为同族，崛起满洲，混一华夏，旧俗所系，于游猎之事，尤为重视，关于鹰犬之管理调教，设有专员，而满蒙之王公大臣，又不时进献，如郎世宁所绘鹰狗之图，注以满汉文字，大抵皆藩疆敬献之品，因以写生者也。

鹰属以海东青最为猛鸷，能爪鹿搏牛，厥力至伟。故宫现有朱漆金端之杠，长不及丈径三寸许，人不知作何用，此即所谓鹰杠也。鹰之品秩不同，杠之装饰颜色亦异，管理调教之所谓鹰狗处，属之内务府。鹰属多来自满洲故乡，由宁古塔三姓等处将军负责采捕，民间所捕者，亦收买之。但禁例极严，非官许者不能滥捕。捕鹰之法，成鹰必由网取，鹰雏则就鹰巢取之，此为极难之事。冒万险，裹糇粮，居深山中，百般搜访，始能获一鹰巢，又多在悬崖绝壁，乘母不在，始能取之。然不能尽其雏也，必留一二，以慰母鹰孤寂思子之怀。鹰雏易于调练，然自采捕以至伺育之方，兢兢业业，始克成功。故一鹰之费用，实属不赀也。

猎犬，东西蒙古以及海龙等处，皆有佳种，俗所谓细狗者多属此类。额大吻巨，广胸细腰，四肢细长，走及奔鹿，为围猎必需之品。至今蒙古王公畜之成群，以备游猎之用。

郎世宁《白鹰图》

四

皇帝行围，意不在杀，故有时围开一面，以纵兽逸。然自皇帝下逮王公大臣，侍卫亲军人等，皆能骑射，仰击飞禽，俯逐走兔，迄及近世，以行围为具文，武备废弛，人习安惰，国势浸衰，盖有由也。余幼时，虽不及皇家行围之盛，若私人之游猎，则每每参与。诚以记者幼年体弱，先君以为可忧，故虽及学龄，犹不使读，纵与习武事者游，藉以锻炼身体。余于武备技击之事，少明所以，亦由是也。甚至捕鹰罗雀，皆所亲经，臂鹰牵狗，参加出猎，亦有之矣。及今思之，当年情景，恍如梦寐。所幸者，家有故书，生非纨绔，良师益友，严亲尊长，知余薄有宿慧，奖掖督责，卒有今日，否则武既不成，文亦不就，项籍豪语，徒引以解嘲而已。

普通游猎，富贵之家，有鹰，有鹘，有犬，以及猎枪马匹人夫等等，规模较大，猎兴亦豪。昔于秋冬举行，所谓春夏读书，秋冬射猎，盛世之贵族子弟，抱此志者固不少也。惟射猎之事，全资体力，尤须耐劳，诚以鹰飞兔走，猎者亦必随之疾驰，落马堕坡之事，固所难免。后世子弟，惟图宴安，醇酒妇人，不出帷闺之外，床笫之间，体力衰微，精神怠惰，欲使其挟弓矢，乘骏足，驰逐于山野，与鹰犬争其疾迟，岂不难哉！国之盛时，虽不及关外草创时代之雄强阔大，而贵戚子弟，志气尚未颓废，文事武备，大抵兼习，故其体格仍胜鞍马，家教亦严。至于末流，家教既弛，风尚丕变，上流家庭，虚文，青年男女，多以宝玉黛玉为模型，直至近日，红楼中之主要人物，犹能麻醉人心，使人带有几分病态，然后始得为美男美女。呜呼！思想若是，遑论其肩荷国事，虽一己切身之图，恐亦不能自谋矣。

乾隆观马术图（郎世宁绘）

五

平常小规模之游猎，有单人者，有数人合组者，使用工具，或枪，或鹰，或犬，而猎取之物，亦不相同。大抵禽猎用枪，兽猎用鹰犬，但鹰之种类，亦有小大之分，小鹰只能捕获小鸟。鹰之最小者，俗曰“松子”，背灰黑，胸黄褐色，把之才盈握。少大者有“踩子”“伯雄”“鹞子”等俗名，概为猎取小鸟之用。

大型之鹰，固以海东青等为最名贵，然民间不能致。最普通而常常饲养者，为�鹘、大鹰之属。鸦鹘虽为鹰隼之属，而搏击之技，不如大鹰，以其爪力迟钝故也。然鹘爪虽不如鹰之锐利善搏，而两翅长大，速度亦甚疾迅，能以翅捕兔，使其无路可逃，然后由猎犬追捕之，鹘则作壁上观。盖规模较大之游猎，鹘之为用，专任游击掩护，并非正式之战斗员。然孤兔之属，遭其追击，往往昏迷失所，卒为鹰犬所得。故好猎家，必畜多鹘以作游军。余幼时，京城市上，荷架笼而售鸦鹘者，街头巷口，所在多有，有今日之卖鸡鸭然。足见当时之人，尚有古风，犹以射猎为重也。

大鹰为雕鹫类之最小者，较之普通小鹰，则为特大，体小于鹘，而爪力则十倍于鹘，毛色光洁斑斓可爱，口、眼、爪皆具殊能，风神骏朗。禽类中若有子都，鹰可当之无愧。盖鹰为纯粹男性美，雄姿秀发，至不能以言语形容，真英雄壮夫之好伴侣也。鹰属虽产于满洲，而冀北一带，亦为鹰之蛰行地。北京附近，于秋冬之际，时有鹰来翱翔天空，或下搏食物。以捕鹰为业者，大抵于秋季登山，设窝铺，张罗网以待鹰来，日有所获。然多普通小鹰。若得大鹰，体格雄伟，年稚而羽毛光洁者，则可立致数十金。鹰铺皆世守，他人不能侵占之。

六

京西之西山，为太行山之支脉。西北一带，重山叠嶂，形势尤为雄阔。山南为外三营所在地，及诸村落；山北亦为宛平县属之诸村，然风气滞塞，与山南俨然别

光绪朝地图上的“放马黄城”——健锐营八旗教场

域。诚以山南接近城市，得风气之先，山北则因天然之障壁，其文化程度，殆等于零。近年以来，开辟公路，山北之民，始睹近代物质，然固步自封，依然自甘简陋。

山中有天然阒路，略加人工，以为南北交通孔道。吾乡直北有山口，俗曰“风鹰口”。每年秋季，鹰隼之自东北来者，皆由此口飞过。山口两旁，皆叠嶂壁立，口之西岸，有一天生捕鹰之地，三面环抱，一面正当东北，有平地约亩许，鹰之自口外来者，仰望无遗，绝无障蔽，而鹰之下视此地，亦为绝好猎食之地。于是自昔即为最良之鹰铺。乾隆时，健锐营甫建，士卒皆精选，又以征金川功，武功之盛，冠绝一时。风气所激，遂一以武事为尚，骑射游猎，殆无虚日。而捕鹰遂为必售之营业。有金眼蛤蟆者，高庙最喜之布库也。幼时闻父老传说，但云金眼蛤蟆，故其原来姓名，反不传。乾隆时，吾营

香山演武厅是乾隆为了平定大小金川叛乱训练巴图鲁攀援而建，平定金川后乾隆常来此观看健锐云梯营演练。

有供御布库十六人，每旗二人。余幼时，吾乡关庙中，犹有此十六人之真容，皆作相扑状，人物皆雄伟奇特。金眼蛤蟆其中之一也。蛤蟆身仗不如他人之高，而身围则三倍之，面黑鼻低口大，圆如金球，高庙曾戏呼为金眼蛤蟆，虽肇此嘉名，至今勿替。

闻之父老云："金眼蛤蟆，为天生之奇人。两腿之巨，大于常人之腰。尝戏以担水木桶，去底，套于两腿，仅乃过膝。食量绝大，脂油五斤，拌以十斤黄酒，一气饮之，曰聊当点心而已。"上述之绝好鹰铺，即金眼蛤蟆所有。

七

记者幼时，每见蛤蟆族往鹰铺捕鹰，有时亦随往，藉资游戏。越岭渡涧，达北山，循山中细路，盘旋而上，至风鹰口，则豁然别有天地。万山之中，此处独有平地一方，用以设鹰网，距网数十武，利用天然地形，以荆起小窝铺方，捕鹰者蹲伏其中，能容四五人。诚以鹰眼最疾，下方飞起，一目了然，故捕者必隐窝铺中，别开一门，藉资出入。鹰自高远来，人目不能见之，则以一弯长之鸟架，插出户外，一熟练小鸟，跳跃架头，啾啾而鸣，不时仰望天空。如遇鹰来，鸟先示意，鹰已近鸟，鸟则疾转直下，遁入窝铺中，不敢再上矣。人以鸟目为目，知鹰来，于铺中探视之。虽于空中能辨鹰之种类，度其飞程远近，则以饵诱之。饵为小鸟、鹁鸽之属，以系于网域中，尽蒙其目，否则见鹰麻醉，再不能展翅矣。如系大鹰，则以鹁鸽为诱，若小鹰则诱以小鸟。诱之之法，系鸟于丁字木架，谓之靶子，别以长绳一端系于木架，一端通之窝铺。铺中人见鹰来，引其长绳，则网域中之木架，因而竖起，蒙目之鸟，亦随架起落，频展其翅。鹰见生物即搏，遂自空中疾击而下，若系饥鹰，则尤疾迅，人目殆不能及之。捕者度其达网不足四五尺，疾引网纲，网合，则鹰已在网中矣，人往执之，缚之以绳，亦知扬声而号。呜呼！鹰虽英俊之物，其智巧乃不如人，日栖深山，恶识人间之机诈，只以一饵之微，陷身罗网，岂不哀哉！

虽然，芸芸众生，大抵如是，既有贪心，人即设饵网以待之，可不慎哉！

由上所述，捕鹰之大概情形，可以想见。其明目之小鸟，乃捕者之耳目，谓之“看雀”。看雀之职务，正如潜水艇中之反光镜，捕鹰者若无此鸟，虽终日待之，不能获一鹰。微物而有大用者，此类是也。顾世之自是者流，一旦踞高位，辄曰某无用、某废材。噫！世岂有废材乎？亦在量材器使而已。猫犬更役，宜其两无所用也。

八

捕鹰虽以鸟为诱饵，然鸟与鹰究不同族，犹可说也。若夫捕鸟，则捕何鸟即以何鸟为诱。是则不可以为训。虽然，鸟岂有心害其同族哉，特为人类所拘，置樊笼中，口不能言，又无法指陈利害，是以目睹同族坠入罗网，陷在胶竿，亦无可如何，同声一叹而已。至于同为人类，其智慧德爱念，理宜高出禽兽万倍而乃同室操戈，同类相残，若为分内事者，是诚不知心肝之何似，甚或假借势力，背弃人理，以强凌弱，以众暴寡，抢掠奸淫，固已禽兽之不若，天地所必诛矣。若乃衣冠中人，不讲公理，无视道德，昏夜乞怜，白昼骄纵，亏人益己，明斥暗排，所造罪恶，尤不可胜记，乃一考受屈之人、被害之家，皆吾父老兄弟诸姑姊妹也，且其为害同类同族，非如禽兽之不得已。若此类者，虽名之为人，实则不如禽兽也。

鹰身山中捕下，当日或翌日，即携至鹰市售卖。鹰之行市，亦与其他货物同其原则，供过于求，则价落。供不应求，则价昂。至若佳种奇鹰，则又当别论，买鹰者，以皮制之鹰帽，套于鹰首，目无所睹，即帖然不飞。此帽为专门家所发明，戴于鹰首，虽爪弹不落，且形式优美，而于鹰目又绝无伤损，在手工中，亦为特殊制作品。

惜养鹰游猎之事，在文弱之民族，不以为然，此等绝技，今后亦不能再见矣。再过数年，即偶见此物，恐亦不知作何用，百方猜测，或迳加以附会之谈，亦未可知也。

鹰帽既为戴妥，然后系以脚绊。脚绊亦专门家所制者，依鹰之体根大小不同，脚绊之长短大小亦异。大鹰多皮制，小鹰则丝制，脚绊为一脚一只，不能以一绳连结二脚，恐猎时鹰脚为物所隔，必至失事，此脚绊所以必须分为两端也。惟平日则另以一绳结于脚绊两端，以拇指或以臂架之，大鹰以臂，小鹰以拇，皆有韛，以防鹰爪伤及皮肉。

九

调练新鹰，为至苦之事，然意有所乐，亦不以为苦。小鹰，一人之力足以办之，要在去其野性，使与主人稔。俗所谓熬鹰者，即扰之不使睡眠之谓。然后以食物换其肠胃。大抵小鹰四五日即可驯良，十日以后，便可使用。大鹰必须四五人，更番熬之，虽在夜中，亦架之游行。十余日后，始渐驯良。然后节其饮食，使其觉饥，以肉类引之，一招即至。其距离渐远，虽一二里亦必一招即至。然后试使搏生物。如此月余，始至山野近处，试行游猎，但新鹰勇敢有余，经验不足，一击不中，即能振翅飞去，再不反顾。故新鹰初试，必策万全，尤须有多年老练之鹰，以携带之。

俗语云：猫纵狗闪，兔滚鹰翻，皆为天生本能。但经验尚浅之动物，虽具本能，有时恃勇亡神，亦有不及招架，而为敌暗算者。即如鹰之搏兔，在未经目睹者，以为鹰爪一击，便可拿来，殊不知兔虽柔懦之物，其狡狯处，有时能置鹰于死地。此初猎之鹰，所以必须有老练之鹰以作矜式也。兔起，猎者喝曰："猫!"（俗呼兔为野猫）鹰自人臂展翅而下，兔见鹰来，其走愈疾，如有丛莽山窟，即避匿其中，虽熏之不出。若山中无可避匿，则出死力以与鹰战，然兔无武器，惟恃后足，度鹰已近，就地一滚，鹰出不意，必暂错愕，兔则挺身，以后足向鹰前胸一蹴，其势疾迅，而有力，鹰不死，亦必受重创。然，若在老练之鹰，则早有预防，一爪伸作拿势，一爪拳，以护其胸，见兔倒地而滚，鹰却翻仰，大转身，高起丈余。兔足蹴空，起而再驰。鹰疾下，一爪攫拿兔首，爪如锐利之锥，皆深入。一爪继下，拿兔脊胯，两爪笼力，兔腰随之而弯，已不能走，扬声而号。鹰则按兔于地，昂首以待猎者。猎人自始两足即无停息，特不及兔足鹰翼之疾，然亦不能太落后，追至鹰所，以棒击兔，死之。或以羊肉，或以兔脑饷鹰，以酬其勋。然后架之，再觅他兔。

十

兔之加害于鹰，不仅滚撞，尚有一法，于鹰尤为不堪。盖新进青年之鹰，期奏肤功，每每奋不顾身，见兔疾走，即自后疾追。先伸一爪，攫拿兔之后胯。若系稚兔，后胯被拿，即行回头反噬，而鹰之另一爪，已正抓其首，斯兔即被拿矣。但若老兔，后胯虽被拿，依然疾走，绝不反顾，且向荆棘丛中，疾驰而去。新鹰贪功，其爪深陷皮肉中，绝不轻释，兔则拉之而走，猎语谓之“拉车”。迨及棘丛，兔钻入，鹰为棘丛所隔，有时受重伤，以至于死，否则亦必羽毛剥落，满身皆擦过之伤。猎者宁失兔，决不愿伤及其鹰。故猎场之选择，以及赶兔时之方向，均需预为布置。

老练之鹰，则绝无此失。兔走，鹰亦随之而飞，或上或下，或前或后，或以己身之影以照临之，故使兔惊，或忽下爪之，旋又抛掷之，务使兔迷失道路，或昏头力败，然后疾下，始行攫拿。而猎人之无限乐趣，亦即在此。鹰之名贵，博人宝爱，亦在此也。

猎事，人愈多，则鹰之兴致亦愈勃发。猎时，一人鞲鹰，另有多人，执竹竿，散在荒草中，以竿击地，使兔惊起，然后放鹰逐之，人亦随之，恒四五里不得停息，体格不健全者，万难胜任，故鹰猎不仅娱悦精神，尤为无上之体操也。近山无兔，则裹糇粮至西山三家店大灰场作旅行游猎，规模较大，恒十数日不返。昼猎山中，夜宿村店，或古刹中，虽云劳苦，其乐无穷。且猎者精神所寄，又益以坚实之体格，只见其怡悦欢呼，绝无半丝畏劳之意。现代之人，生活观念，既有异于昔人，而环境又非，自易导人于逸情。矧乃愁多乐少，四顾茫茫，得过且过，笑骂由人，亦有不得已者。虽然，有志之士虽无文王犹兴，是在打破环境，自图奋勉，力求返于原始野蛮生活而已。如此应乎可以自救。

十一

小规模之游猎，一鹰四五人已足，若加以犬、马、猎铳、鵪鹑等等，则非四五十莫办。昔之王公贵族，常有出猎之举，后来废之，惟在温柔乡中讨生活矣。虽然，单人小猎，则至今不绝，特不如昔日之兴致勃勃而已。

铳猎，几为满洲之国技，其技艺之纯熟，不亚弓矢。猎枪之制，时代不同，枪之轻重长短亦异，昔日猎枪，身短而重，盖不仅用之于猎，即攻伐之事，亦有资焉，后以不便猎事，遂发明一种细长之枪，俗曰“线枪”，连木床几及丈，初皆用烘药火绳，自旧式来福枪输入，变用铜帽，猎枪效之，亦装引火奶头搬机铜帽。此在当时已为极进化之枪，以与今日最新猎枪比，固瞠乎后矣，然能手执此古拙之枪，仰击飞禽，俛殪走兽，百发百中，有不可轻议者矣。

旧日猎枪，非后膛，故须先纳大药（硝黄所制）于膛中，实以铁砂，砂之大小，视所击之物，若系虎豹狼狐，则用独子，火绳嵌于火机，撒烘药于火门盘，以拇指按之使固，然后以击禽兽。亦有双桶枪，一枪甫鸣，一枪继发，能落双禽。

禽猎，在林中击栖，在水边沙际击飞。栖则击腿，飞则击嘴，此禽猎之标准法也。然善猎者，枪与心会，意之所属，目之所至，举枪之，无不应声而落，所谓神而明之，存乎其人者也。

猎兽，则在昼；狼狐之属则于夜；兔起，不待远跑，即顺枪击之，所谓以心目为准者也。狼狐夜出寻食，猎者即以狗子为饵，谓之“拉靶”。狼狐寻狗声而至，先蹲视之，不即食，于此刹那间，以枪击之，可中其前心。盖猎者伏暗陬，如步兵之打靶然，故尤易中也。

十二

以上所述，由捕鹰以至如何出猎，不过略说大概。当时好猎情形，可以想见一斑。猎事，由道学先生观之，固为可鄙之事，惟由国民体育上观之，则游猎颇足以强健身心，裨益良非浅鲜。单人游猎，一犬一枪，目的不在获禽，无非藉以锻炼身体，接触自然，较之枯坐斗室中者，身心之孰畅孰缩，自不能同日而语。若夫团体出猎，则兴趣尤浓，于游戏嬉乐中，习劳习武，自不待言。而团体生活，以及团体纪律，于无形之中，自有部勒，养成良好习惯，更为易事。诚以人间万事，莫不以健康为经，以兴趣为纬，健康则能任有兴趣则乐为，否则畏难苟安，势所必至。

犬猎昔人所重，今犹盛行。关于猎犬之事，吾于《犬纪》一文中，已分别述之，兹不重赘。所当注意者，目今世界各国，对于犬学，热心研究，不遗余力，此等犬学，发源于德国，于是他国踵之，竭力研究，遂为不可轻视之要务。昔日之犬，无非以之作出猎玩好之用，今则已加入军国大计中。有志之青年，与其呼朋引类，作无裨身心之举，诚不如牵一犬而调教之，大之可作军警之助，小之亦可引之作单身游猎。即不然者，于动物保爱上，亦不无裨益。今日之青年，热衷运动，冀为选手，固为可喜之事，然仍有多数青年好静而不好动，即游戏娱乐之举，亦趋重于静的方面，由静而惰，乃为必然之结果。调剂之道，须避静而就动，动的游戏，除运动外，无过于猎，又无过于牵犬。荷枪而猎则虽欲不动而不可能。课余之暇，着猎服，荷猎铳，再伴以两耳直竖，举动神骏之歇佛尔特，入山林而猎小鸟，亦未始不摩登也。且此等摩登之状，观之令人神往，以为此真摩登也，较之病奄奄，歪扭扭，胶于麻雀之案，倒于妖妓之怀者，一盛一衰，一强一弱，一精神饱满，一意志颓靡，虽吾辈老花之眼，亦有以辨之矣。

十三

游猎以锐，盖为晚近之世，当火器未经发明以前，所有游猎之事，皆用弓弩。弓弩本为原始的战争利器，同时亦为原始的猎具，现在非洲之原始民族，仍以弓矢猎取猛兽，可以想见，溯自弓矢之发明，以迄今日，应有若干之岁月，虽不可知，惟征之中国故书，弓矢在黄帝时代已为利器，若孔子时代，而弓矢由儒家加以礼教的解释，于是射道遂为六艺之一，为士大夫所必习。而礼书又有乡饮大射诸体式，其雍容肃穆之状，为野蛮人所难梦见，亦为发明弓矢者始意之所不及。自秦汉以还，古礼不讲，博士礼家，纷纷论辩，然行之者少，言之者多。二三千年以来，射于中国礼义之邦，反弃如牟髦，既无弓矢之利，亦无弓矢之教，积弱无节，散漫无序，弓矢不讲，亦其一端。甚或以弓矢为满族所专有，射为满人之专技，目为胡风，可谓狂谬已极。盖弓矢之利，天下民族皆知其然，至于以射习礼，则创自儒家，周公孔子之遗教也。此等古礼，中国久已无闻，日本虽在今日，尚有鸣弦之礼，亦犹古之乡饮大射。至于弓术，虽在武器极端之今日，而日本民族，亦未之轻弃，自大学以至一般民间，仍有弓术部之组织，男女青年，日夕练习，盖不仅有裨于体育，其彬彬有礼，班班有节，肃穆雍容，自能调整身心，养成良好习惯。日本不废此道，诚有以也。

狩猎图（王致诚绘）

若夫满族，起自东夷，肃慎、挹娄，为其先民，自昔即以弓弩著闻。“夷”字分之为人一弓，其义为使弓之人，非恶名也，原不必讳。孔子欲居九夷，可见夷地颇有文化，虽孔子亦欲居之也。后世以夷字为华人轻蔑他族之专名，盖为晚出之义，与原义相去太远矣。满人习于弓矢骑射，是其本风，至于以弓矢为教，庙堂之上，以此习礼，则文艺之古礼，特不忘弓矢之利，以射远命中为能，则又别有深意存焉。

十四

满洲人西墙神板上，有附供长矢一支者，吾家亦有之。羽已剥落，镞锐而长，箭身长大，大于今矢三分之一。据父老传说，太祖征某地时，募敢死军，以矢撒地，取矢者从征，后遂以此矢为纪念，并附于神板焉。闻自父老，国初弓矢，莫不长大，弓由五力至七力，每力三十斤，其矢镞有剑头形者，有四棱锥形者，有月牙式戟形者。锥形者，谓之“透甲锥”，虽重甲亦能穿过，或有一矢能贯二人。其月牙式者，射人颈，头则被铲而落，善射者，每用此矢，以显其能。后以天下太平，矢镞改为菠菜叶式，钝而无锋，仅以习射而已。弓力亦不如往昔，普通皆三力左右。

记者于《满洲民族之教育》一文内，关于弓矢之如何教练，已详为叙述矣，今复不惮重复，择要述之，以见当时满人之如何注重体育矣。

盖弓为合竹所制，又附以鳔胶、细麻、桦皮、牛角之属，文采既极华美，而张力又极强硬，苟非腕力过人，体格强壮，则万难胜任。软柔之弓，未始无有，特备儿童练习之用。若期射远命中，则非强弓不可。旗人以弓矢博功名，职业所关，固自幼即注意两臂，实则此等幼工教练，亦不必尽由功名心所驱使，而固有风俗，亦有不能遽舍者。满人儿童初生，必以襁褓裹之，俗曰“褯子”，以蓝布裁作长方形，使幼儿仰卧，顺直其四肢，然后绷裹，束带两束，上束其胸，束其两肘之关节，满语谓此关节为“麻股”，下束其膝，务使平直，不得拳屈，后脑枕以米袋之枕，长而后脑稍平，则以此故。

牛茂生在天桥表演拉硬弓

十五

儿绷之法，自北京以至东北各省，虽在今日，尤为盛行。无论贫富，在产妇临盆以前，必须将此类绷布以及寝具等等预备齐全，若系初生，则由外家代为预备。新妇初来，关于一切家事，为姑者或有不必亲加督视者，惟至产后绷儿一事，姑则认真督视，不许少有苟简。绷裹期限，普通皆为百日，亦有不及百日即为解除者。绷裹之布，一日数易，裹前，须以温水浴儿，拭干，撒以粉剂，以除汗渍，若系女婴，洗拭尤勤。

或问不裹之孩，与裹过之孩，有何不同？答曰：裹过之孩，四肢平直，绝无畸屈拘挛之弊。长则两膀有力，可以自由伸直。麻股上翻，虎头下落，而无拱肩缩背之象。凡开弓而射，无论马上步下，须左臂直而有力，始能开弓。若左臂弯屈，则开弓不能合度，矢出亦自盲行，直不知落于何处，安能命中乎？裹儿得法，再加以发育良好，天赋多躯，长而执弓，必有事半而功倍者。常见小儿有鸡胸突肩者，有两肩不平、行走偏歪者，有两腿挛屈作圈形者，俗谓“香炉腿”。亦有两腿撇作八字形，行时踵相摩而脚尖却外指者。种种不正之形，皆由自小放任，未加绷裹所致。如能郑重绷裹，自能矫正许多偏歪欹斜之弊，此则不待言者也。

《周礼·考工记》有造弓之术，至于射道如何教练，则未之详。盖古书所记，皆为礼制，法则视为末节，故所不传。小说笔记所述，又多附会之词，不足取信。总之，射为武技之一，必须童而习之，始有根柢，否则难免半路出家之诮。满俗绷裹孩儿，舒直其四肢，注意其脊骨，即为射道最初之预备。

十六

儿童一至学龄，除教以小书识字外，即渐渐教以执弓之法，此时不过半存游戏之意。然有欲以此博荣誉者，则教以习学马枪马箭。在普通思想，或以为骑射难于步射，实际上却相反，童子多能骑射，至于步射，童年人殆未一见，此则由于步射弓强，非童子所能任，再加以雍容肃穆之节，在童年人尤视为畏途。盖童心喜动，更不欲以礼法拘之，是以童子最初习射，即偏重马上，此不第礼制使然，由童子本身性质考之，亦多乐学骑射，适投其所好也。

最初调练骑马之术，名曰“蹲裆”，于平地习之，作骑马势，自顶至踵，皆有一定姿势部位，使全身之力，毕集于双股，久之，胯下有力，始足以任鞍马。蹲裆若有成绩，推之不倒，则使执弓矢，练习抽矢、扣弦、鞭马、开弓、射鹄诸手势，既经熟练，娴妙自如，然后始习骑术。先生或父兄戚友，凡娴马术者，皆可携带幼儿，两马并行，使其姿势一如平地所习，最初止于慢步款行，由一二里至四五里，渐至远乘，使与马背相习，然后由慢步逐次进于快步，大人虽与并马，有时亦不扶持之，但使其如何注意而已。快步以后，则为疾驰。疾驰既已成功，则放驰缰绳，任马自驰，两臂则虚作执弓、抽矢、扣弦、鞭马、射鹄之状，亦犹平地所习者。盖手不执缰，为马术第一难关。闯过此关，则行所无事矣。

驰马，手放缰绳，人于马上可以自由舞枪射箭，本不为难事，诚以两股有力，娴于驰骤之后，人之上身，便可自由动转，不必再执缰绳。特初学者胆气不同，有数日之后，即可成功者，亦有煞费时日者，但无论如何，既习骑射，其性质必为好骑之人，故无不成功者。

阿玉锡持矛荡寇图卷（郎世宁绘）

十七

马术习成，即执弓矢至教场，于官用马道中，实习骑射。马至教场，精神倍加，在马道口上，尤跳跃纷拿，例有壮夫牵之，名曰撒马者。骑者左手执弓，横擎过顶，右手执鞭，并握缰绳，腰插羽箭，先骑马上，童子则由大人抱置马上。撒马者，右手执马勒近口处，领马作一盘旋，俟头向道口，马则疾驰，撒马者随奔数步，始撒手，马乍入道，腰耸不平，既已入道，则四足翻飞，腰平如砥，人在马上，除感觉风声习习，别无震动。盖马走愈疾，其腰愈稳，张弓搭箭，殊为自如。凡三矢，马已至道尾，渐停其足，彼处有人待之，抱儿下马，毫无障故，其技成矣，即可报官，请食公费。

无论古今中外，凡属四民，即无坐食之理。凡坐食者，非纨绔即游民，不得与四民之例者也。当清朝时代，人多谓旗人为坐食，是则由于不知其真相。姑无论旗饷有限，不抵今日军费万分之一，且此戋戋公饷，童儿习之，不知几易寒暑，弓马之费，先生束脩，一不如人，则万难争胜，既习成矣，由官验缺，额有一定，必马步冠军，始获一甲。甲饷至末叶，仅三两余，递降二两余，姑无论长养妻子，即一身费用，亦不能敷用，是皆百战之余，为皇家争天下者，末叶食报，仅不过如此。而天下不谅，犹可说也；政府不谅，旗人又不自谋，甘之如饴，是真难于索解矣。

或曰：子既不以旗制为然，而屡屡述之何也？曰：旗制胶固，不事变通，不早为计，诚有不能辞其咎者。至如教育事项，虽伴旗制以俱生，亦有不容轻议者，是则是之，非则非之，固不能一笔抹杀也。如上所述，自赤儿初生，以至长大，皆有相当教育，尤于体育三致其意。此虽由于军制之部勒，推而行之，于近代潮流不第无忤，且有暗合者焉。

十八

中华民族，最喜颂扬古人古事，在士流为尤甚，惟徒知怀古颂扬，在实力方面，对于古人遗留品，则毫无保护能力，亦无保护组织，私人收藏家，尽心搜访，无非假以自娱，故一传再传之后，即行散失。至于骨董商人，知识短浅，毫无国家观念，不过以古物为商品，更无所谓保护矣。若乃典守者与骨董商夤缘为奸，则尤古物之巨劫，每每真品去而赝品来，其心更不可问。然而此士流也，其于古物所尽心者不过如此，至于一般民间，既无历史观念，古事且不知，何有于古物？苟政令所不及，或与己无关者，则无一不在破坏摧残之列。以四千年古国，岂无坚牢之建物，长命之松柏，然求一宋以前物，已如凤毛麟角，而不可得，遑论汉唐乎！即使有之，亦多已经摧毁，或沉埋地下，幸而乃免，如碑石墓志之类。至于递相保护，完整如初者，实不易见。总之，中国古物，泉坟实居保存之首功，次即较有长期寿命之天府，若夫民间除恣情破坏，实无半丝怀古之感情，亦无半丝爱好古物之心理。中国历史，徒托空言，而绝无实物与之并传，大抵由于一般民间对古物无情无义之所致，否则中国古物，断不止于出自土之碎铜烂铁已矣。

或曰，长城不俨然在乎？曰：是天然之赐，绝非保护之功。假使长城之石，可以易钱，则早已夷为平地矣。试观长城人迹可到之处，亦多摧毁，是则游历者，雇用土人，取其砖瓦土石，以资纪念，亦无人过问。

乾隆射箭图（王致诚绘）

兹篇所记，为游猎骑射事，何以忽发此等无谓之牢骚，而论及保存古物，勿乃文不过题乎？虽然，余固有说，请试言之。

十九

弓矢为中国最早之武器，在《周礼·考工记》中，关于造弓之术，已有甚深之研究，然其用术语，非经汉学家训诂解释，多不可晓。余幼时弓矢尚在必需，有时为修补弓矢，或定制新弓，亦常出入弓匠之肆，见其所制弓矢，由竹木之坯，以至成器，手续甚烦，虽至微细处，亦莫不精心装置，所用材料，精心选择，不堪用者，决不滥竽。是以一弓制成之后，表面之装饰，固极华美，而内容之含力，亦皆丝毫不苟，如三力之弓，以衡量之，不差累黍。至若精工之匠人，制弓有世传妙法，一弓制成，拉之不足三力，而回力却在三力以上，是盖为减少人力，而摧矢之力，则反增强。此等来软去强之弓，为善射者所喜，不惜出巨费以制之。盖射虽为武职及士卒所必习，而别选御前供奉之人，谓之什伍善射，其制创自国初，选王公大臣及满洲武官中之善射者四十五人，善骑射者三十人，善鹄射者二十人，赏戴花翎；八旗兵丁内每旗各选善射者十五人，赏六品顶戴旧翎。凡皇上御射，皆侍侧。命射，则随射之。所谓十五善射，即指是而言。凡选入什伍者，不第一生荣誉所系，而正饷以外，尚可别得恩赏。故有志斯选者，所用弓矢与普通所常用者至不同矣。而匠人亦克应人所求，精心制作。余幼时所见什伍善射者所佩弓矢，无一不精，辄不禁神往，以为此等制作，与《考工记》所记，不无暗合，特名称异耳。今又多年，弓矢卑为人道，精工匠人，多半老死，现存之弓，则又废置，失其魂魄，将来再求一弓人矢匠，恐亦不可得矣。即此一事，足见公家及一般人士对于古人古物，其漠然无关心，为何如矣！

二十

古来事物之宜保有者众矣，又岂仅弓矢射道而已。余尝谓对于古来事物，欲使递传不替，必由一般人民，有衷心怀古之情调，尤须对于古人古事，有相当了解，无论一草一木，苟具有相当历史价值者，皆应油然生其感慕之心，一人之力不足以保护之，则纠合同志，协力保存，由一家推之一村，由一村推之一邑，由一邑推之全国，苟遇古物，虽一草一木之微，决不容任何人加以摧残破坏。能如是，始足以言文明民族，不妄为礼教之旧邦矣。若津津于口舌，曰吾是美，吾是良，吾是非外人所及，吾是非外人所有，惟一究其实际，所谓良者美者，日被摧残毁弃，曾不少有留恋爱惜之情绪。及其极也，荒凉一片，破瓦一堆，所谓良者美者果安在？文明古国固如是乎？

凡文明国家之保存古物，第一由于人民有公德共爱之心；第二由于国家对于古物古事有严密之办法，苟非出于不可抗力，无论何人，不能加以毁坏。独至中国，其政权之交代，多由战乱，而战乱之际，必每每恣情破坏，不复名国，古代文物多数丧失，大抵由斯。是以一朝代数百年之经营建设，辄被暴兵乱民毁于一旦。至于平时，狂妄谬举，以破坏为能事者，更不可胜计，是皆由于政府毫无统制能力，而对于古事古物，又皆漠不关心。所萦然不能去怀者，不在古事古物之保存，而在古事古物之估价，应如何处分分赃而已。此等政府此等情致，而谓古事古物不亡，盖犹投腥于猫，而欲其尽职典守，洁己奉公，不少染指，讵可得乎？夫必有思古之情，始有存古念，然后以高雅之情怀，坦白之心志，对于古事古物，由赏鉴而研究，由研究而保存，有力者倡之，在下者从之，彬彬然，第莫不以君子自奋，能如是，不第古风不坠，而新献亦有资焉。若徒以乌政令禁之、势力压之，盖末节矣，乌能有济！

二十一

单言保存弓矢之制造法，以及弓矢使用之技术，记者于他项文字中，间有提倡，究之有无成效，虽不可知，而与有同感者，实不乏人。当孙传芳督苏时，曾行研究古礼，举行投壶乡射，惟孙氏志大而疏，意在好名，虽其本身地位，尚属认识不清，况与实际利害不甚关连之事乎？自误误人，至为可惜。近来四川刘氏，以中山靖王之后自命，欲王于蜀，而忽有射会之组织。记者观其执弓命射之状，可笑已极，其无通人指示，以意自为，可以想见。此皆草莽割据之雄，藉以好名，或出于游戏，其无诚意，盖不待言。惟数年前，记者与二三友人，创办游艺园，附设射圃，则于射道之提倡，颇具诚心。志虽不行，毕竟留一印象。自满洲肇造，政府当局，颇有保存弓术之意，只以庶务多忙，未遑普及。记者以为如欲绵延此几绝之技，复兴孔子射以观德之教，须由在上者躬自提倡，更定章则，使中等以上之学校，务须添设弓矢一门，以为必修之体育，庶乎造弓之术不绝，揖让之风可见，兹谨条陈于下：

一、目下新国中，自内廷以及官公各机关，莫不有运动场，以为公退练习体育之用，其费用或出自公家，或摊从个人，大抵踊跃乐为。今后曷于此项运动场内，添设弓矢射圃，使精于射道者，为之导师，俟有成绩，则仿乡射之礼，组织校射大会，赠与奖品。如是，不仅体育上有良好之发展，即于公德秩序上，亦于无形之中，潜移默化，裨益良多。

二十二

二、各种学校，于体育科目，务使加添射艺。射为六艺之一，古之士君子莫不习之。且他种运动，皆有偏利偏害，独于射道，全身筋脉，皆蒙其利，绝无偏枯之弊。在体育上，乃属最理想的运动。若以其不合时宜，而鄙之，是仍见异思迁之恶习性所使然，非出于真正之理解。考之各国，其体育一门，不尽为时髦的，凡固有之古典艺术，胥在保存之列。如日本之各大学中，有弓术，有剑道，有柔术，有相扑，是其明证。至于西洋各国，亦莫不然。独有东方一老大国，近百年来，自服狂药，至最近，药力暴发，除自戕、自毁、自鄙、自暴、自弃以外，毫无所得，直至今日，依然狂乱不止。新兴之国，理宜戒之，兼收并蓄，发挥固有之真精神，始足以言有为，否则不新不旧，仍是可忧。

三、满洲自肃慎时代，即以造弓矢著闻于时，经数千年之演进，其术益精，迨至清代，造弓之术已达至极点。窃谓此等数千年相传之技术，不能以时代之变迁，而听其自然消灭，宜由中央或地方政府，拨出相当经费，聘用弓匠，使其制造弓矢，分发各校，以当体育用具，至于个人，有志射道者，亦可自行出费，使其制造自己适用之弓矢。如此推行，制弓之术，既可保持延续，而体育的弓术，亦自易于实行。试观日本，每年所造弓矢，仍有相当之多数。弓矢之外，日本造刀之术，依然举行，贵族有力之家，每每邀请刀匠，着古服，依古式，举行造刀之礼典。夫弓矢刀剑，今日战争利器中诚不算数，惟富于怀古情调之民族，对于先民所遗之器具与技术，诚不愿弃如牟髦，热念保持，以涵养国民固有精神，其利固有不可言者，岂可率然谓之无用哉！

二十三

以上三条，皆其切要者。其他枝节，可以弗论。且此项建白，非以衔奇好异，对于一民族之古遗的技术，诚不任其湮灭无闻，矧乃轻而易举。任何政府，当不难出此小费，若在满洲，则尤切要之图，不容悬置者也。每见今之从政者，平日论事，好言有无用处，即一般人士，日常谈话之间，对于一事一物，亦必曰是有何用？

一若以效者为前提，苟无效用者，恐在被摈之列。然而二十余年，言用趋时之中国，究竟立下如何之效用乎？飞机大炮火车轮船，所谓效用极大者也，然则一入中国，则适得其反，不但无用无效，无非藉以杀其国人，同室相残而已。言用言效者，固如是乎？夫不能执弓矢者，依然不能执铁炮；对于弓矢无爱慕之情感者，对于铁炮亦尤其铁之冷，毫无感情，无非以铁炮能杀人效率大于弓矢，于是彼遂以之杀人，至于所杀为何人，则在所不问。夫人心如是，而言效用，是真呓语，决其有害而无益者也。凡物莫不有用，在于用之者之心情之所寄而已。孟子曰“可使制梃，以挞秦楚之坚甲利兵”，此即今日炮后教育之最摩登的意见也。炮后无人，而先留意大炮，是所谓资盗以粮，未见其可。日本人若无武士道之精神，若无古典的弓矢刀剑之爱慕，其利炮坚船，亦等于虚设而已。凡吾所言，肤浅无识之妄人，自不以为然，惟真正谋国之大人先生，其手腕心情足以笼盖一切者，始可与言是矣。

风俗礼节

一

一国最繁琐之事，无过于风俗礼节，执笔记之，将穷年累月而不能毕其业，兹谨撮其大要，聊述梗概而已。

北京为人文荟萃之区，礼数繁文，在所必讲。礼貌之大别，曰吉、凶、军、宾、嘉，是五者，细目为六，古人所行，而著于经典者也。惟后世礼法，不尽从古，亦有风俗所尚，因成共守之礼者，其事甚繁，随地而异，且古之仪礼，今多不行。今之一般民间所不废者，惟吉礼中之婚礼，与凶礼中之丧礼而已。或有踵事增华，或有因陋就简，去古已远，多违《礼经》。若夫冠礼，则久已不行；军礼惟国家用之；宾礼为报聘享谳之事，今有国际通例；祭礼行之者亦少。惜满人法祖敬天，至好祭祀，古礼不坠，惟此三者而已。

震在亭先生之《天咫偶闻》云：

满洲六礼，惟婚祭二礼，不与世同。余尝疑为古礼之遗，乃以《仪礼》考之，始知即婚礼及特牲馈食二礼。如满洲旧家，皆有神堂。神堂之户在东而牖在西，此《仪礼》户牖之制也。室中以西为上，《仪礼》室中之位也。庋板为神位，宗祏之遗也。设几于地，古之席也。植竿于庭，贯以锡盘，丧礼之重也。古以代主既虞，废之。满洲无主，遂不废也。祭用特豕，特牲馈食也。其祭也，夫妇亲之，《仪礼》之主人主妇也。祭之先一日，主妇亲成糕饵，《仪礼》之主妇视馆也。祭日厥明，主妇献糕饵十一器，《仪礼》之主妇直祭也。奉首槃于神板上，迩黍稷于席上也。主人跪，巫者祝辞，《仪礼》之释辞于神也。巫者鸣弦索，歌吉辞，古祭乐也。《仪礼》无乐，盖士礼如是，大夫则有之矣。而乐之始作，亦当于释词迎神之际乎。主人出迎牲，《仪礼》之视牲也。既至，振牲令其鸣，《仪礼》之雍人作豕也。置牲于床，即《仪礼》之桥也。省牲，主人亲视之，《仪礼》之视杀也。灶居西方，《仪礼》西荣之位也。以盆盛血献于神前，《诗》之“取其血膋”也。献牲，承以木槃，古之俎也。随肉必献汤，太羹也。至暮再祭，以幕蔽其窗牖，阴厌也。明日，晨祭于庭，《仪礼》之绎祭也。《诗》谓之祊。祭毕，阖族大燕，及宾客皆与，《仪礼》之族酬也。此祭礼之合《仪礼》者也。

二

若婚礼，则媒氏执男女二家之年庚、三代互易之，《仪礼》之问名也。既主妇至女家视女，《仪礼》之纳采也。既定，则男家以如意纳之女家，《仪礼》之纳吉也。婚前二月，具羊豕鹅酒服饰采帛以书将之纳于女，并告婚期，《仪礼》之纳徵兼请期也。婚期以夜，日入三商为婚也。奁具既入门，婿往女家拜于堂，亲迎也。而今讹为谢奁也。其娶也，舆前导以角镫数十，《仪礼》之执烛前马也。妇至，布席于室中地下，不设几，陈羊豕黍稷，夫妇相向坐，《仪礼》之对席也。御者以二盏互饮其夫妇，凡三，《仪礼》之酳也。质明，以质见舅姑，《仪礼》之厥明见于舅姑也。并拜于家庙，《仪礼》之庙见也。按《汉书·地理志》云：殷道衰，箕子去之朝鲜，教其民以礼义。而《仪礼》古人传为殷礼，然则满洲礼固殷礼也。虽行之久，未必无讹，然大端具在。

按，满俗最重祭礼，余幼时普通人家，犹不时举行，后以物价腾贵，无力者遂不能以时举行，然对于祖先天帝或关圣许有愿心者，犹购小猪畜之，颈上系以红绳，俗曰官猪。俟猪长成，则举行祭祀。诚以无力之家，一时出多金购成猪为不易，且祭祀之家，戚友邻人，无论平日有无往来，均往致贺，席地大嚼祭肉。祭家有破费而无收入，与一般婚嫁之礼尚往来者完全不同。是以清贫无力者，对于祖先惟有私祭而已。惟祭祀之事，发于至诚，是以预购小猪，以零钱逐日预备，至一年后始行举办，亦出于不得已。由此可以想见当年之人，如何重视祭事矣。然此等俭约办法，无非出自寒家；若有力者，则年必一祭；王公之家，月必数祭；至于宫内，则每日必祭矣。虽在今日，满洲旧家，依然举行。盖民俗所系，有不能遽废者矣。

婚礼上的
新郎与新娘

三

《天咫偶闻》又载有祭时之礼节祭品，至为详悉，录之以资考核。

仪曰：谨蠲吉辰，先期三日，主祭者率阖族虔诚致斋。选牺牲，择纯毛净体，牡二牝一（惟背镫牲用牝）；江米、白米、黄豆、稗米、安春香（出关沟）、红烛、白挂钱、新麻、白纸、赤小豆、小鲫鱼、新柳枝一、三色纺绸（白色、蓝色、月白色）、三色线（作索）。先期二日，主祭者率阖族，谨将神板拭净，换新挂钱，香碟内易新灰，次将祭器洗拭洁净。应用祭器列后：鸾刀一（柄上有铃）、匙箸、祭桌二、肉俎三、香案一、省牲床一、盛血盆一、和面盆一、锅一、灶一、勺一、铲一、钩、叉、蒸笼一、新笸箩一、控筛一、罩篱、帚、芀帚、簸箕、蒸布、拭布、净绳六根、秫秸（四根一束，四束，长二尺）、净柴。

先期二日，主妇率阖族妇女拣择米豆，取纯净者用，作索照旧式，按应换索子女每人一挂。

先期一日，用新汲水将米豆淘净。米晾微干，豆熘熟，磨面，蒸面，江米九成，加白米一成；煮面，江米八成，加白米二成；和面，用温水香，选新采绿色叶，晒极干，研粗末。赤小豆、小鲫鱼俱换索，用豆煮研泥。届期朝祭，设幪架（幪以黄布，架以木为之，饰以朱油），悬幪前设矮桌，列烛二，香碟陈于桌里边，横之（凡三），主祭者，丑刻率阖族点香，免冠三叩首，兴。和面蒸熟作饽饽十一盘，每盘十一数。献齐，奉第一盘于神板上，免冠三叩首，兴。顶冠出，请牲，至牲前用净帚遍扫牲体，换新缚绳引牲人，至神前陈于地。牲首向上，脊向南，免冠三叩首，兴。视厨役省牲、升牲于床。省牲，用左手盛血以盆，血盆供桌之左，接香。俟肉熟，撤饽饽盘。奉俎以献，首向上，插鸾刀于牲首之左。盛汤一碗，加箸一双，供于神板之上，免冠三叩首，兴。稍候撤俎，每分割取肉三片，并撤所供汤，阖族食馂，异姓不与。香息，撤幪，请上香碟。午后，撂骨跳神，礼成。

四

夕祭，设幪架于北炕，悬幪前设矮桌，列烛二，香碟横陈于桌里边。主祭者，未刻率阖族点香，免冠三叩首，兴。和面蒸熟作饽饽九盘，每盘九数，献齐，奉第一盘于神板上，免冠三叩首，兴。顶冠出请牲，至牲前，用净帚遍扫牲体，换新缚绳引牲入。至神前陈于地，牲首向上，脊向东。免冠三叩首，兴。视厨役省牲、升牲于床。省牲，用右手盛血以盆，血盆供于桌之左，接香。俟肉熟时撤饽饽盘，奉俎以献，牲首向上，插鸾刀于牲首之左。盛汤一碗，加箸一双，奉于神板上，免冠，三叩首，兴。息香、撤火，以布幔遮窗，闭庭户。阖族人等屏息俟于门外，主妇在内行九跪九九顿首礼，兴。将牲首所插之鸾刀撤下，轻放于案上，呼烛。然后秉烛入。撤幪，上香碟。撤俎，每分割取肉三片，并撤所供汤，阖族人等食餕，异姓不与，背镫礼成。是晚，将神杆请下，净拭洗斗，即将香案、祭器、锅灶、柴米、水火、盐梅等，备具于庭中，以备次日祭天。

次日丑刻，设祭桌于庭中，陈三碟：一盛香，一盛稗米，一虚空，留盛牲之全体。设齐，主祭者率阖族顶冠，行三叩首礼，兴。请香案、祭器等出，设于神杆前，安斗，升旧颈骨于屋上，即往请牲。至牲前，以净帚遍扫牲体，换新缚绳。引牲至祭案前，陈于地，首向上，脊向东，跪。俟祝者宣祝词，并洒米三次，免冠，三叩首，兴。视厨役省牲、升牲于床。省牲，用左手盛血以盆，血盆供于桌之左。主祭者釁杆尖，毕。立之，脱牲衣，解节，取颈骨（先下锅），取搭枯拉（骨名），挂于桌乘。取牲之全体（每一片），供于碟中。取胸岔及肋骨，左三右二，取塞勒带骨三节。取小肉，约十分之三，依次下锅。将大肉，连牲衣供于俎中。接香。俟肉熟时，跪切细丝，供稗米饭二大碗，肉丝二碗。肉丝上加塞勒并右肋二条，血肠七片，三四碗稗米饭，饭上各插匙一把……

五

肉丝碗各插箸一双，献齐，顶冠，跪。俟读祝者宣读祝词，祭告，洒米三次，毕，免冠，三叩首，兴。取碟中物，置杆斗内，剔颈骨，贯杆尖，撤第一碗饭肉，移于庭内，二碗饭肉，留于院中，搭枯拉，例与读祝者。候小肉食毕，随将大肉下锅，午后撂骨，毕，燎牲衣，礼成。

换索礼。是日卯刻，设石东阶下，竖柳枝，展索绳，系其端于西神板下之右，下系于柳干，将所作新索，并净纸，依次挂于柳枝。设矮桌于柳前，

打执事（陈师曾绘）

桌上设香碟一，系净麻于神箭，立于柳之左。和面作大小饽饽，煮熟。大饽饽，摆九九烙。按换索之子女，每分供碗四：一盛饭；一盛小鲫鱼，每碗一尾；一盛小饽饽，九数；一盛豆泥。供齐，点香，主妇领换索之子女，序跪于柳前。主妇行三叩首礼，换索者随行三叩首礼。主妇兴，请神箭，展麻绕子女之颈；请净纸，拭面身，焚化，带索行一叩首礼，兴。其次应换索者俱如之。若有应开索者（凡婚嫁者先须开索），即将索结为之开释，遂行一叩首礼，不带索，兴。换毕，将第一碗鱼头，夹于第一个大饽饽内，夹于柳枝丫内。俟午后，令世仆将柳枝请出，即将饽饽与鱼头领食。升柳枝于屋上，撤香案，归神箭、索袱于神板上，换索礼毕，此余家礼也。余家或小有不同，而大致无异。凡跳神、背镫、祭天，皆夙宾。宾至，不迎送，不设几榻，席地而食，不饮酒，主人不陪食，虽至舆怡，亦均沾溉。祭之夜，阖家不得去衣而寝，日不出门，奉槃奉俎，必恭必慎，置器不得有声。祭用春秋吉服。三昼夜，衣索者不得入门，杂色人不得入门。凡有神堂人家，平日亦同此禁。

六

祭祀之事，为满洲民族最普遍之事，震在亭先生考与《仪礼》，馈食特牲相合，谓出于殷礼，自是卓见，惟自宗教史观之，世界为民族，莫不为有一种祖先教，窃谓满俗之重视祭祀，亦不外一种祖先教而已。由追慕祖先，更溯源于天帝，至后世遂并关圣而祀之矣。凡普通人家，多供关圣神像，设龛于堂屋之北，供器灿然。祖先神板，则在居室之西壁粘白掛钱，上有满文，音曰“佛勒郭绰喝”。但神板多在长房，除大祭，每年腊月六晦日，阖族毕集，先向祖先行礼，然后始往戚友辞岁，大族皆有自制祭器，若旗营所在地，则有公共祭器，存于关庙中，亦有一家所有无偿贷入使用者，如肉锅、肉叉、木盘、碟碗、油布之类。碟碗皆木制，施以重漆，硕大无比，笨重异常，原始情形，犹可想见。

祭祀时，宰猪之庖人，皆系专门职业，普通厨役则不能胜任。此等庖人，俗曰“作白活的”，祭时一切礼节，皆熟谙无遗，手脚亦极敏快。杀猪时，声响毫无，至为静肃，其省牲时以白布一方，裹其解刀，藏于围裙内。当猪耳受酒而动，彼则呼曰大喜。祭者甫跪，猪已绝命矣，直不知何时抽刀，何时插入也。最奇者，血入盆中，决无滴点溅溢，较之屠场杀猪，真有巧拙之别，神乎技矣。

祭时宰猪，有用刀者，与普通杀猪无异；有用铁签者，则由胸肋间直贯之。师傅不同，故用器亦异。生猪于神前宰之，俗曰“献生”。俟肉熟再献之，俗曰“献熟”。

猪体脱净后解剖下锅，亦见手法。若在常日，整猪劈作两片，两片劈作数方足矣，且刀斧齐下，骨肉狼藉。祭祀之猪则不然。

七

解剖学当然为庖人所不解，但《庄子·养生主》篇所记之庖丁，已然是一种理想的解剖学。两千年来，此等解法，息息相传，至今不绝，亦云奇矣。凡祭祀之猪，有献熟之礼，而献熟时，依然合成原形，不少零乱。此在解肉时，实有一定法则，并有一定块数，是以肉熟合之，仍成原形，俨如整个煮熟者。此作白活者之专门技能，为普通厨役所不能者也。其解肉也，并不须大刀阔斧，仅三寸许小刀数柄，循猪之腠理关节，划而劈之，所谓以无厚入有间，刀锋所及，莫不立解。不第此也，撂骨时亦将全猪骨节，由头至尾，合成原形，安放大木盘内，然后托出抛之，谓之撂骨。但祭祀之家，门前必有乞丐守候，冀分祭余，而全分猪骨，亦遂为若辈俵分而去。

每遇大祭，所有子女，必须换索，步乃一定规矩。但在平日，好有子女，应行婚嫁，而必开索者，则由家长备办饽饽、净纸，设矮几，点香碟，向祖宗神板磕头，谓之磕饽饽头。于是，此有期婚嫁之子女，遂为成人，而开索矣。若系女子，例由婆家虔奉白银一两，俗谓开索银。其收藏旧索之黄布口袋，俗谓“妈妈口袋”。每岁除夕，除向神板行三跪九叩礼，亦向妈妈口袋，行三叩首礼。

以上所记，为满洲风俗。若蒙古则祭以羊。一般汉人祭用席酒蔬果。推原厥始，要不过各以所产，祭其先人，礼虽不同，至其追慕祖先，敬礼天神，情则一也。

婚嫁之礼，为风俗所限，亦互有不同。今则人情丕变，婚嫁苟简，一言之好，携手同归，是实野合，乌能言礼？婚嫁大事，万难苟合，苟不如礼，纠纷随之。故一嫁一娶，言必由衷，出之以诚敬，佐之以媒证，要之以信物，期之以终身，而最要之事曰备礼。

八

婚嫁之初步，为媒氏之从中撮合，摩登名词谓之介绍，俗曰“做媒”。做媒一事，责任甚重，万不可轻心掉之。余自有生以来，只为媒一次，且因此生了许多闲气，遂立志不复为媒，亦不与人家婚嫁事。诚以做媒一事，造孽为福，操之一念。一念之差，罪恶极深，所不可不慎者也。乃世俗之见，竟谓为十次，虽在死后，阎王亦当起座相迎，此不知何所见而云然。夫为媒固佳事，亦当问所撮合者为佳偶为怨偶，苟为媒者，深悉两姓之底蕴，如家世是否清白？性情有无乖戾？日常行事，是否据德依仁？家庭之间，有无风波是非？其主人主妇，有何学识？受何教育？平日对于子女，言谈教育，有何等见解？然后对于宜婚之青年男女，审慎观察，层层留心，见其举止言谈，平正大方，而绝无损人利己之行事。对于自己学业，尤为刻苦用功。体察多日，只见其可，而无不可，则思某友之家庭，与此家庭，可称不谋而合。某友之子，与此家之女子，可谓天生佳俪。如此良缘，不可错过，我为其友，若不出而执柯，负我良友。于是以玉成之心，无伤之见，挺身以媒妁自任，而结两姓之好。此等做媒，何必十次，虽止一次亦足以上对帝天，何况阎王？可惜世俗之人，不解此义，轻心好事，以做媒为娱乐，甚或多方掩饰，袒甲欺乙，明明劣子，而欲娶佳人；明明恶姑，而欲娶贤妇，且家教毫无，性情乖戾，不仁不慈，无恩无义。此等人家，固无佳儿淑女，即使有之，父母不仁，毫无大道，亦必累及子女，无敢与婚。但他人容有不悉，为媒者断无不知之礼，知而不言，乃多方为之掩饰以欺对方，是骗婚也。乌能谓之撮合成全哉！此等为媒，何必十次，只此一次，泥犁地狱，已早为彼开一席矣。然则，欲为人做媒者，可不洗心涤虑，以良心出之哉！良心以屈，地狱立现，虽有百口，亦难自辩，慎之慎之。

九

婚姻为人生一大关键，幸福晦气，胥决于是。乃世之青年男女，以及普通家庭，不审利害，不计皂白，但以早早毕婚，为能完其责任。此诚有难于索解者。古者男子三十而娶，女子二十而嫁，即现今东西各国，教育业经普及者，其婚嫁年齿，男子亦多在三十而后，此非与古暗合，实际上盖有不得不然者。第一，人之体格志气，非至三十左右不能完成，且在职业方面，非至三十岁，亦不能稳固。西人社会组织，以个人为单位，当其为学时代，教育费用，固由父母担当，至于结婚费，以至结婚以后之生活费，必由自己筹措，或本身袭有财产，或其月俸所得足以长养妻子，然后始敢议婚，否则宁独身鳏居，未有盲目结婚者。惟中国则不然，其社会组织，以家庭为单位，家庭之子女，为父母之子女，非社会之子女。故子女之婚嫁，子女不能自主，而必由父母代理之。于是不问子女之年龄能力，父母以绝对之权力，为之主持婚事。男子十三四岁，尚不知人，即为之娶妇，而此媳妇，通例又必长于男孩，以后种种不祥之事，即根于此。但为父母者，毫不顾虑。论理男子早娶，女子亦应早嫁，但事实上却有大谬不然者，男子可以十三而娶，而女子则仍三十未嫁，此则由于作父母者，偏心溺爱，多方挑拣之所致。十三岁之豚儿，有何德能？惟其父母，则每以所娶之妇，不才殊甚，屈我儿矣。我家才女万难轻嫁，必如何如何之快婿，着足偶我爱女，实则其女有何才德？貌既不扬，性尤乖戾，岂第彼之不嫁，而人未便娶也。蹉跎荏苒，惟年华老大，始悔前非，嗟何及乎？亦惟有草草将事，嫁作填房了事，讵有幸福可言哉！

十

子女婚姻，由父母一手经理，固无不可，惟须全始全终，尤须慎之于始。诚以子女既为父母之子女，无论如何，亦须负责到底，不能因其已娶已嫁，而少有变更。如以始终之全责虽负，则曷于子女未婚嫁以前，极力督课，使其受有相当教育，养成独立人格，俾其他日，足以独力组织家庭，然后宣言，父母责任，以既婚前断，为之后，即不负责。如是，为子女者，既有所警惕，关于自己能力，自能勇往直前，不复专待父母矣。尝见世之为父母者，在子女未婚以前百般溺爱，一力优容，予取予求，毫无吝色。关于婚事，既不征求意见，亦不审查是非，武断主持，冀完责任。孰意既为儿子娶妇，破绽即由渐而生。婆媳之间，尤易发生裂痕，于是因媳及子，怨语间言，不一而足，非曰媳妇不贤，即曰儿子不孝；未娶以前，如何如何；既娶之后，如何如何。总而言之，情全景非，形势顿易，积年累月，至不可忍，遂有如下之逐客令：

> 孩子，你当初没娶媳妇的时候，我和你爸爸拿你当小孩子，怎样都可以，我们也应当养活你。如今你已娶妻生子，成家立业了，我和你爸爸，不能拿闲茶闲饭养闲人，你就今天带着你媳妇自己过去吧！你也老大不小的了，也应当自己历练历练……

天下的婆婆，最后皆有此一套。乍看去，未始不尽情尽理，无如加检讨，不但不能成立，甚至无情无理，生作蛮来，野蛮无情，狺狺可畏。天下儿子，如遇此等母亲，可谓罪孽深重晦气已极。何以言之？儿子婚事，既由父母完全主持，姑无论儿子有无能力，所有经济上之责任，当然由父母任之，非至儿子克于独立，得有收入后，此等责任万难解除。

十一

此非记者之私言，乃天地间之至理。试问儿子婚事，孰主之？父母主之。父母既不问儿子有无自立能力，既贸然为之论婚，当此之时，不但儿子尚在父母卵翼之下，即所娶之媳妇，亦当一律受翁姑之卵翼，何况论婚之时，儿子处于被动，毫无意见可言，则对于婚后之生活费，自然仍赖父母。父母亦知其子无能，所有平添诸费，亦自责无旁贷。乃以一朝小愤，忘其大责，俨同大义灭亲，不异秦廷逐客。此等行径，殊乖初旨。夫儿子一身，尚难自给，又以妻小，将何以生？且此等责任，原非儿子所堪，特以父母之命，在势难辞，执无在此左右为难之中，而严命忽下。若曰藉此以为要挟，则父母为不仁；悔而出此，则为不智；不仁不智，其不能教子以义方，俾有正当出路，盖可想见。在家庭单位之国家，主人主妇之责任，固属无限，惟须审时度势，不可不加变通。关于儿女婚事，尤须慎之于始，以免中道破弃之惨事。第一，婚事不可太急。儿子若无自立能力，虽多迟数年，亦无不可。第二，娶妇不可悬格太高。语云："量女配夫。"亦须量儿娶妇。淑女配犬子，劣儿娶佳妇，皆足以伤天地之和。种种不祥之事，即由此发生。但天下父母辈，每每自掩其短，百般高抬，多方挑拣，甚或暗嘱媒人，簧鼓口舌，是皆自欺欺人，定无好果。天下事，满则损，谦受益，有余不尽，始获安堵，而希望无穷矣。娶妇与其富而骄，不如贫而贤，嫁女与其豪门钜室，不如诗书世家，虽贫亦在所不计。总之，男女两造，均要相当；男女两家，不相上下；人物要平和慈善；职业要守法奉公；此等人家，均可结亲，不必疑虑者也。媒妁问名，两家相亲，则人生大事，钱可少花，礼则难废，无礼则人心不庄，夫妇不敬，一切嫌隙，寻渐而生。故家庭之间，长幼尊卑，苟能以礼自持，不以世俗恶习，伤其感情，则无论大小家庭，自能和气慈祥，安然无事矣。

十二

婚礼之第一步，在两姓议定之后，男家依其地位家资，向女家赠送隆重礼物，俗曰定礼。而定礼又有小定大定之分。小定为议婚之初，由男家对于女家所呈之信物，无非如意首饰等类，由媒人偕同男家一二人，前往致聘。此即仪礼之纳采纳吉也。婚既有期，则纳大定，如羊豕鹅酒服饰彩帛等类，具吉帖，由男家亲族人等，亦治具恭候，此即仪礼之纳征请期也，俗曰放大定，亦曰认亲。凡两家婚事既定，例如男家每节向女家馈送礼物，俗曰“追节”。虽数年不娶，而追节之礼，必须节节举行。女家于女许字之后，亦即积极筹备，在他处风俗，有由女家特向男家要求钱物者，甚至盈千累万，往返议索，殊不殚烦。北京风俗，实无此事，任何贫素之家，向不索取钱物。议定之后，男家所费，在定礼；女家所费，在妆奁；结局此等物事，又皆归之男家。且婚嫁之事，女家所费，往往超过男家数倍，俗谓女子为赔钱货者，大抵谓此。惟近年以来，人心不古，往日对等婚姻，已为少数，古义全废，礼俗更新，或携手而同居，或货殖而为妾。婚姻制度，紊乱已极；人伦大防，破坏殆尽，求如光宣以前之雍容大雅，尽礼合节，已不可得矣。顾礼义者，自天子以至于庶人，所不可废者也。夫妇之道，尤宜以礼合，婚姻不庄，礼制不讲，乱亡之征也。据

光绪大婚图，清代宫廷画师庆宽绘

《天咫偶闻》，载有德宗大婚之定礼妆奁单，录之以备掌故，且见此等礼节，上下同然，亦不可不知者也。

十三

光绪十五年，德宗大婚，先进妆奁二日。今敬载奁目，以备掌故。

光绪十五年正月二十四，进上赏金如意成柄；进上金如意二柄；帽围一九一匣；领围一九一匣；帽围一九一匣；又一匣；各色尺头九疋一匣；又一匣；又一匣；铜法琅太平有象卓镫成对；紫檀龙凤五屏风铜镜台一件（大红缎绣金双喜字套）；紫檀雕福寿镜支一（随金卡子镫）；金大元宝喜字镫；金福寿双喜执壶（杯盘成对）；金粉妆成对；金海棠花福寿大茶盘成对；金如意茶盘成对；金福寿碗盖成对；黄地福寿瓷茶盅成对；黄地福寿瓷盖碗成对；金胰子盒成对；银胭脂盒成对；银喜相逢槟榔盒成对（金点翠红白玛瑙桂花，红碧玏玉堂富贵）；盆景成对；红雕漆太平有像饽饽合成对；脂玉夔龙雕花插屏成对（紫檀座）；黄面红里百子五彩大果盘成对；古铜兽面双环罐一件；脂玉葵花御制诗大碗成对；

古铜三足垆一件；古铜蕉叶花觚一件；脂玉雕鱼龙一件；脂玉雕松鹤山子一件；翡翠大碗成对；汉玉松鹤笔筒一件；碧玉福禄圆光璧一件；郎窑大碗成对；汉玉雕仙人插屏成对；青花白地西莲大碗成对；汉玉雕和合山子一件；脂玉雕荷叶双连一件；雕碧玉镶脂玉乳璧植成对；汉玉双环喜字兽面垆一件；脂玉双兽面喜字有盖瓶一件；翡翠瓷观音瓶成对；汉玉兽面方垆一件；脂玉双环兽面雕坐龙有盖扁瓶一件；粉地五彩瓷八仙庆寿樽成对；

十四

脂玉雕西番瑞草芳彝一件；脂玉兽面双环有盖扁瓶一件；古铜周云雷鼎一件；古铜周父癸鼎一件；金转花洋钟成对；金四面转花洋钟成对；铜法琅龙凤火盆成对（以上均紫檀座）；紫檀雕花炕案成对；紫檀雕事事如意月圆桌成对；紫檀茶几成对；紫檀宝椅八张；紫檀琴桌成对；紫檀连三成对；紫檀雕花架几案成对；紫檀书格成对；紫檀雕花洋玻璃大插屏镜成对；紫檀足踏成对；紫檀雕龙盆架金面盆一（大红缎绣花披）；紫檀雕花匣子二十件；紫檀雕花箱子二十只；紫檀雕花大柜成对（以上共百抬）。

二十五日卯刻进上赏玉如意成柄；领围一九一匣；又；各色福履一九一匣；又；又铖凿一九一匣，花巾一九一匣；又；红雕漆喜字卓镫成对；紫檀雕福寿连三镜支（大红缎绣帘）；金小元宝喜字镫成对；金油镫一件；金漱口盂成对；金抿头缸成对；银胰子盒成对；银粉盒成对；银牙箸成对；金喜字羹匙成对；金喜字叉子成对；黄地福寿瓷膳碗成对；金漱口盂成对；金奓斗成对；金洗手盆成对；银痰盂成对；银沤子罐成对。

光绪大婚图中后邸院落里搭的喜棚

以上为《天咫偶闻》所录，至此而止，容有未完。诚以以上所录，多为家具什具以及装饰用品，至于头面首饰插藏之属，尚有未备，所阙者当为此类。

单中所云上赏如意者，即为订婚时由上所赐之定礼。皇帝至尊，故曰上赏，其实与民间之定礼无殊。

十五

最富不过帝王家，然聘后所需之礼物，亦无非如意两柄而已。诚以体制所关，绝无特别殊异之处。至于后家妆奁，亦复如是，与一般民间，初无二致。虽云金银玉器较多，而富室钜族之嫁女者，其奁资器用之丰厚，亦有不让后家者。此则故意炫其豪富，非可以为训也。

按，妆奁之厚薄，无关婚姻之美恶。美满姻缘，必须两造之知识平等，意气相投，尤须有共同之决心，以独立不倚之精神，隐忍耐劳之毅力，组织理想的自力家庭，则虽一时清贫，亦在所不计。若不以当事人之能力为断，徒津津于家计之贫富、奁资之厚薄，是舍本逐末，万难收得美果。尝见世之钜室豪门，每遇嫁娶，则踵事增华，极力铺张，关于妆奁一项，更为不少疏懈，于衣衾首饰家具什物以外，又益之以房梁地土、金银珠宝，以为可以百年享用，甚至特往男家，度其房屋之高度，门窗之大小，以为制作家具之尺寸。总之，宣扬豪富，无所不用其极。迨女至婿家，陪房婢女，动以十数，此新妇者，于其母家，既以娇惯性成、不知操作固矣。既嫁之后，仍以小姐身份，高自位置，姑嫜之前，既不尽礼，家人之间，亦多简慢，加以坐拥厚奁，有恃无恐，恣意奢靡，日夕娱乐。为之婿者，亦以身拥厚馈，堕落金屋，一颦一笑，惟妇是听。己既无材，鼻息他仰，始则其乐陶陶，中则渐形破绽，终则箱底已空，惟资典质。典质既空，又行告贷。夫家恨其往隙，母家怨其频仍，为时不满十年，百万厚奁，已归乌有。此一对金玉鸳鸯，羽毛尽落，大异往昔，几如惨败之鹌鹑矣。

十六

嫁女妆奁，无非藉以备体制、重婚姻，非藉以炫耀豪富者，贫者不必勉强，富者亦无须侈汰，总以如礼为是。谚云："好女不穿嫁时衣。"嫁资无论如何丰盛，设使男子无能，女又骄惰，虽百万之富，亦不可恃，况区区奁具乎？故有志强项之女子，决不依赖母家，嫁衣虽美，诚不如夫妇自力所制之布衣为称心合体也。若奁中物，自可传之后昆，用资纪念而已。使后来子孙，见一物曰："此太祖母之奁装也。"见一衣曰："此太祖母之嫁衣也。"生起追远之心，长其保大之念，宁不美乎？

北京为人文荟萃之区，嫁娶之事，日日有之。是以售卖奁具之店，列肆而居，榜曰嫁妆铺，自桌椅瓷器，以及应用什具，莫不具备。嫁女之家，自可依其财力，到铺接洽，铺中执事，即可依所要望者，代为开单计划，务期应有尽有。今物美价廉，大抵普通中下阶级，木器所必备者，为箱子十二只，匣子两个，连三一张，修案一张，橱柜一只，琴条一只，茶几两个，椅子六把，盆架一只。普通皆为榆木擦漆。桌上之物，则有花瓶、帽筒、盆景、洋钟之属。至于梳具粉装等化妆器具，则又为一类。衣服袜履为一类。袜皆白细布所作，动辄数十双，非预为设计不可。鞋底为木质，蒙以白布，有花盆底、一寸底等等之分，大抵皆花团锦簇，以见工巧。妆奁既至男家，许多妇女，不看别物，先观袜履。斯二类者，例为新人亲手裁制，女红拙巧，于是以判。如经众人所称许，斯即新人未入门之第一名誉也。故室女在家，头等要事，即为女红；次则厨下之事，俗所谓“炕上一把剪子，地下一把铲子”，妇人之能事毕矣。实则妇女责务，亦无非针黹羹汤之属。若曰迎合潮流，蜚声交际社会，则又别一问题，非相夫教子主持家务之妇人所宜过问也。

十七

妆奁中之首饰，亦占重要之部分，最低限度，亦须备有头面一副，即扁方、大小簪子、耳环、戒指、手镯之属，类皆银质包金。少富有者，则增至三四副，而益以翠玉之属，以便夏季插戴。诚以北京风俗，每逢换季，妇女之首饰，亦必随之更易，秋冬金银，春夏翠玉，盖为常例。而满洲妇女，冬则冠以皮冠，故皮帽亦为嫁妆中之不可少者。最次则为绫花、化妆品以及巾带之属。以上所述为旗礼。若汉礼，则嫁妆中无木器，而有襆被之属，其他亦无甚区别。新人上轿时，例着棉衣，梳双抓髻，虽在盛暑，衣裳中亦必实棉少许。合卺以后，次日拜见翁姑，会亲友，新人戴殿子（大形之凤冠）、着袍褂，汉人凤冠裙褂，此其大较也。比年以来，风气全易，杜诗所谓“王侯宅第皆新主，文武衣冠异昔时”者也。一切礼俗，多从苟简，且人无定业，辗转流徙，今日天南，明日地北，不但昔日之笨重妆奁无所用，即一切礼节，非古非今，不驴不马，以意为之，轻率已甚。人心不安，时局紊乱，于婚姻一道可以见之。

国家太平，国势向上，自能使人心和易，无所怀疑，礼制节文，在所必讲，惟衰亡末季，捉襟见肘，上无安定之方，下有失依之惧，人心汹汹，不可终日。地方长官，不思顺人情，安旧贯，乃复多方箝制，法令如毛，此无异扬汤止沸，救火以油，人心不安，亦固其所，而轻浮浅见之流，一朝在位，则妄行无忌，非曰此宜取缔，即曰此太迷信。民间一举一动，皆有警察出而干涉，甚至婚丧礼俗，执事仪仗，亦皆横加干涉。此等行为，不但无补于

娶新娘的队伍

治理，实足以大伤人心，使国家多加一层亡征而已。窃谓民间风俗，相习已久，自非犯上作乱，有干天和，如邪教及缠足之类，多为良风美俗，原不必过问，乃轻佻无能之官府，不能见其远者大者，偏能与善良百姓为难。此无他，器小易盈，大体吾弗知，骄矜以欺压弱者，使其知吾为官老爷。当老爷，则于愿已矣，复安问其他哉！

十八

于古典的社会中，新妇之地位，诚有天堂地狱之殊矣。惟处天堂者，未必即福；处地狱者，亦未必不幸也。总之，一人祸福，操之于己者半，操之于天者半。人事尽而天不佑，命也；不尽其力，惟天是尤，其祸尤烈矣。惟能尽人事者，虽无天佑，亦有成功之时。况天助自助，为不易之至理，少年夫妇，无论处境若何，以自行奋斗，为必要之条件。

结婚之初，孰不眉飞色舞，鼓瑟吹笙，以为人间乐事，无过于此，尤以为父母者，乐不可支，以为大事毕矣。是诚然，大事毕矣，所毕者，理想之乐事；所不毕且无穷期者，家庭间一团乱麻，从此开始捣乱而已。吾非诅咒婚姻者，而亦绝非讴歌婚姻者，惟由冷眼观察，实际体验，在吾所处社会中，由结婚所得之幸福，不及百之一；由结婚所蒙之不幸，实居百分之九十九，此则敢断言者也。

为父母者，若无正当目的，徒以了却自己心愿而为子女完其姻事，此大不可也。宁可不必急，以待其子女能力之完成，虽自由结婚，亦无不可。至于不问青红皂白，不问后来生计，毫无半丝责任观念，一心一意，徒知抱孙，心事尤劣，家庭之祸，更不旋踵矣。

结婚之当事人，究不外男女两造。考结婚之意义，尤宜由两造有共同之决心。若两造于结婚后之责任，毫无预备，事前又一无所知，事事处于被动，无非以年龄已届，异性所必需，如父母代为议婚，未始不可因以解决目前生理的需要，则此等存心，与彼父母之盲无目的，打成一片，一切的家庭不幸，即由是种其毒素，不知溃烂至如何程度矣。真正有为之青年，对于自己婚事，万不可少存姑且之念，以免贻误将来。

十九

结婚为人生一大关键，虽不必因是有意外之祸，亦不能因是挑起意中之祸。家庭之经济，家族之个性，他人容有不知，家庭中之一员，万无不知之理，突然添加一人，而此一人者，与此家之一切，素不相习，鑿枘不容之处，在所难免，若在大方明理之家，推己及人，当然相谅，即偶有不是，亦必婉言教导。且一家先德，为新妇所不知者，亦应由翁姑于平日燕居之中，演说故事，俾明家风之所在，家教所自来，潜移点化，涵养四德，然后始能一体同心，不生嫌隙。且作父母者，无论已娶几房媳妇，生有几名子女，均宜一律相待，不宜歧视。虽然各人能力品格，不无高下，至于待遇上，则不可不平等。常见一般家庭，对于子女以及各房媳妇，每每施以差别待遇，谓某也贤，某也愚，某也大投缘，某也不如意，以致家庭之间怨谤丛生，上下解体，此等不善处理之责任，宜由父母负之。子女媳妇，实无责任可言。犹之一国政府，其政治腐化，罪不在一般人民，而在内阁总理。又如一师军队，其强抢哗变之责任，一名小卒，则不能负，即平日之风纪军纪，亦为师长之责，万不能责之小卒，此自然之理。家庭之治不治、安不安，孰人主事，即由何人负之。但一般家庭，皆由主妇主持，而此等主妇，有无主妇知识，有无主妇教育，殊为疑问。吾国新式教育，虽已有三十余年之历史，对于一般教育，尚无成绩可言，何况女教乎？东西洋之先进国家，莫不以女教为先，所谓贤妻良母，已筑有最稳固之根基，大多数之家庭，其主妇莫不曾受最良之教育。其操持家务，相夫教子，一如事业家之经营实业。第一先立家庭簿记，然后妥开项目，依其月入，分配支出，有条不紊，虽劳

旗装少妇（陈师曾绘）

不烦。吾国家庭主妇，在四十岁以上者，曾受教育者已极少。若夫三十岁以下者，受过教育者已居多数，惟最可痛心之事，此等教育，仅系皮毛，不第小学毕业者无可用之，即师范以及大学毕业者，亦多无主妇知识。

二十

未受主妇教育之妇女，但凭一己意思，以处理家务。如果其人秉性公正，勤俭耐劳，对于自己子女儿妇，以身作则，毫无偏袒，则此等个人直觉的精神，亦未始无补于家政。惟近代人类，只凭一己直觉之知识，已不敷用，而必有教育的知识，始足以应付一切，如勤俭二字，人人知其为美德，不待外铄者也，惟无近代经济学以及其他一般与家政有关之知识，则有时止于徒劳，仅为墨守，无丝毫利益可言。且以不知卫生之故，一味俭啬，甚至食不洁之食，被不洁之衣，但求一文不破，即尽持家之能事。最可怜者，有病谬熏灼，一旦病势大发，尤不肯医，必先求神问卜，延巫跳神，一切原始的办法，均须依次排演，所费已不知若干。神技已穷，然后不得已始及医筑。统计前后，实耗多金。设使病人有幸，得以全活，其金虽去，犹不为虚。所不忍言者，金已去而人云亡，或不死而成终身不治之疾。推原其故，皆由主

晚清的农家

妇无知无识，一味顽固株守之所致也。夫其用心，岂不曰省一文是一文乎？惟家庭之间，所有施为，亦与一国政事无殊。经常费用，固不可少，而临时诸费，尤须备办。即如医药之费，为人生所不能免，备而不用，斯为上计，万不可无所预防。关于个人卫生，更应诸处留神，使与疫菌病魔绝缘，则医药之费，自可年省若干。若平日不知卫生，不信病菌，一旦勃发，诚有举家灭亡之虞。此主妇之责任，不能一味固陋者也。

北京之中上家庭，近数十年来，注入新识，关于家庭卫生之事，固已大有进步，惟固陋之家，以及乡村住户，固步自封者，所在多有。则他州外府，风气不开，固不待言矣。

二十一

然而，曾受教育之妇女，宜可以身任家务，为主妇而有余矣。乃事实上竟有大谬不然者，盖新旧妇女，皆于家政学毫无了解，旧式者一味固塞，新式者一味解放，甚或不解何为妻母，但能于物质上肉欲上充分满足，即为结婚之目的。此在一般旧式妇女，所不敢想者，而新式妇女则无所不用其极。旧式妇女之弊，在于孤陋不开，如其德性温良，深明大义，于旧道德以外，略注新识，则家庭之间，获益匪浅。至若顽梗难化之流，则又当别论。新式妇女，旧道德既已荡然无存，新道德又复丝毫未树，凡其在学堂所沾染者，多系外国不齿之敝风，主妇教育，不但未习，且以为正宜打倒，而反以享乐主义，为人生所必需。乌能受家庭之桎梏、为人妻母乎？思想若是，则其结婚后之行径，不待蓍龟而可知矣。

以上所述，两种妇女，盖皆于理想坚实之家庭，不能无间然者矣。惟两害相权，取轻去重，欲行结婚者，总宜于旧家庭中之吸入新识者，物色终身伴侣，庶乎根基不误，枝叶可图矣。

《梦华录》至是，已恢恢乎数万言矣。虽述往事，要不外托古讽今，示人以正当之途径。且北京一隅，不尽美善之事，一并述及，不但有乖体例，且恐启人机诈之心，故略，仅至此告一段落。因有多数读者，希望老丐多作小说，小说一道，虽属闲文，而诲盗诲淫，殊伤阴骘，道德呆板文字，又不能以入小说；无聊敷衍之文，又不屑作，迟至今日尚无腹稿。差幸此文业已结束，构思数日，即可发表一篇小说。题目已有，名曰《财色婚姻》。诚以现代艺术，以女性为中坚。若无女性，虽郝莱坞之电影公司，亦当立报歇业。小说魂胆，更不能离开女人，儒丐岂能独外？惟戏法人人会变，各有巧妙不同，内容如何，为拙为巧，请俟数日，自见分晓。

紫禁城东邻的皇史宬。它位于南池子南口路东，是皇家保存档案牒册的重要所在。这座建筑全部用砖石结构，没有梁柱，故称“无梁殿”，防火功能卓著，百年前后的皇史宬荒草萋萋，衰败已极。